凱爾特解剖圖鑑

HARA KIYOSHI
原聖

前言

人們經常以籠統的印象在使用著「凱爾特」一詞，但凱爾特文化其實是建立於凱爾特語族的基礎之上。因此我們也可以抽換詞面，稱之為「凱爾特語族文化」。不過在現代，凱爾特語族的每種語言皆已淪為少數語言，由於藏身於強勢語言的陰影之下，即使是地名、人名這類專有名詞，通常都很難從表面辨識出來。首要之務便是跳脫這個狀態，換句話說，應該要從凱爾特語族的角度出發，來介紹其所蘊含的文化。

現代的凱爾特語族圈，涵蓋著英國的四塊地區——蘇格蘭、威爾斯、康瓦爾、曼島，還有法國的布列塔尼地區，以及愛爾蘭。這六處地名皆是源自英語和法語，而非凱爾特語的稱呼。日語從明治時代起，在地理、歷史書籍之中，主要都透過英語來呈現地名等專有名詞，此做法一路延續至現代。但從二十世紀後葉開始，原本持續衰退的少數語言展開了復興運動，自一九八〇年代起，成果漸漸浮上檯面。換言之，在電視、廣播、報章等大眾媒體上，開始會使用少數語言來報導或撰文，此外像是道路地名的標誌、公共設施與一般商業設施內的導覽標示，也都開始使用少數語言了。本書原則上也會一併寫出各種詞彙在少數語言中的原始寫法。

地名部分，原則上都希望採用少數語言本身的稱呼，但在寫成文字時卻也可能衍生問題。康瓦爾原稱Kernow＝凱爾諾、布列塔尼原稱Breizh＝布雷茲、曼島原稱Ellan Vannin＝艾倫．瓦寧，這些還算妥當無礙。但蘇格蘭原稱

Alba，按照實際發音，聽起來應記為「阿拉巴」才較為妥當，但在此以易懂拼法為優先，所以最後譯為「阿爾巴」；威爾斯原稱Cymru，按拼音應念作卡姆利（u在這裡發「伊」音），但由於其重音位於最後一個音節，日文中為了予以強調，因此卡姆利的「利」為長音；愛爾蘭原稱Eire，按理說最接近的發音應標為「艾伊列」才對，但日本一直到一九六〇年代前期為止都是念成「艾爾」，考量到此事，在書中便稱之為艾爾。在一九六四年東京奧運的紀錄片裡，有好幾位播報員都將愛爾蘭的馬拉松選手稱為「艾爾的選手」。我個人也記得，在中學時學到的稱呼確實是「艾爾共和國」。

接著來談本書的結構，首先會概略介紹凱爾特語族文化圈的各個地區，接著便會依古代、中世紀、現代的時序逐一探討，其中尤其安排了不少篇幅來介紹古代。於此之中，我將重點性詳述凱爾特文化中最廣為人知的主題，例如愛爾蘭的傳說故事群、亞瑟王故事群等。也因如此，諸如君主體系、凱爾特跟英國王室間的關係這類的政治主題，為免繁雜，只會做最小限度的簡介。

CONTENTS

裝幀　山田知子+門倉直美（chichols）
插畫　温泉川ワブ
DTP　竹下隆雄（TKクリエイト）

CHAPTER

1

認識凱爾特

在西元年起始的前後
歐洲就已存在著
被稱為「凱爾特」的群體

凱爾特人

約在西元前五世紀初，歷史上首次出現了「凱爾特」這個專有名詞。在今日南法的馬賽（當時是希臘人的殖民都市「馬薩利亞」）附近，據說曾有過凱爾特人的城鎮，但無法將其視為確定的事實。凱爾特人首度明確出現於文獻當中是在西元前五世紀中期，於希臘歷史學家希羅多德的《歷史》中所登場的「凱爾特伊」。他描述這個龐大民族的活動範圍從大西洋岸的伊比利半島，廣至中東歐的多瑙河。

在出土文物之中，在現今義大利北部的羅馬近郊，找到了可追溯至西元前六世紀末的陶杯。上頭以地方語言伊特魯里亞語所寫的「凱爾帖」，等同於希臘語中的「凱爾特斯」，研判就是「凱爾特人的」之意。

不論如何，我們都可以推論從西元

「凱爾特」有時也拿來當自稱

「凱爾特」既非希臘語也非拉丁語，希臘、羅馬人似乎是直接將該族群的自稱拿來使用。凱撒在《高盧戰記》中就曾提及：「以他們自身的語言稱凱爾特人，但用拉丁語則稱高盧人。」

希羅多德的《歷史》一書提到凱爾特人，是歷史上首次的紀錄。

「日耳曼人」也包含在內？

當時的希臘人、伊特魯里亞人所認知的「凱爾特人」，是住在阿爾卑斯以北的群體，希羅多德所稱的「凱爾特伊」，很可能還包含著日耳曼人。一直到了西元前一世紀，地中海的人們才首度使用「日耳曼人」這個稱呼，跟「凱爾特人」做出區別，其後更因凱撒的著作《高盧戰記》變得更加廣為人知。

前五百年左右，希臘人以及伊特魯里亞人※就已經知曉稱為「凱爾特人」的群體了。

※西元前八～前一世紀，居於現今義大利西北方的民族。他們使用的語言並非印歐語，至今仍然無法完整解讀。

凱爾特與高盧

高盧：
羅馬時代下，凱爾特人（高盧人）
所居住的地區總稱

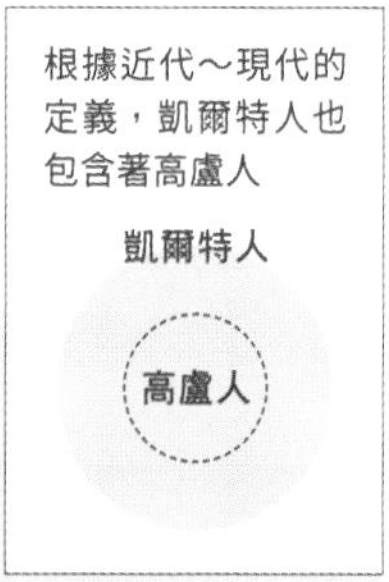
根據近代～現代的定義，凱爾特人也包含著高盧人
凱爾特人
高盧人

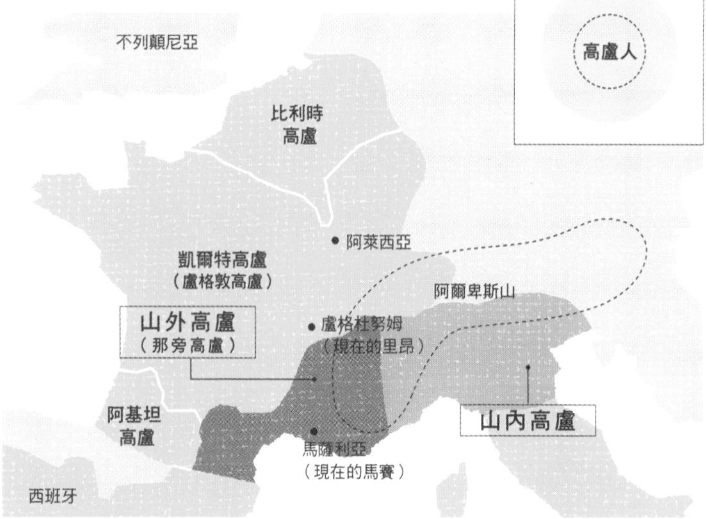
不列顛尼亞
比利時
高盧
阿萊西亞
凱爾特高盧
（盧格敦高盧）
阿爾卑斯山
山外高盧
（那旁高盧）
盧格杜努姆
（現在的里昂）
阿基坦
高盧
山內高盧
馬薩利亞
（現在的馬賽）
西班牙

「凱爾特」和「高盧」有許多重疊之處。自西元前四世紀初起，凱爾特人就展開行動，進攻了羅馬等地（左頁），當時的「高盧」指的是現今的法國和義大利北部。隨著羅馬帝國擴張，高盧開始被稱為「山內高盧」——也就是從羅馬人的角度看去「在阿爾卑斯山這側」的高盧（現今的義大利北部）；以及「山外高盧（那旁高盧）」——也就是「在阿爾卑斯山對面那側」的高盧（法國南部地區）。而在比那更遠的地區，也就是法國北部，則被稱為「長髮高盧」，亦即野蠻高盧人的住處。

對羅馬人來說，「高盧」就是這類凱爾特人的居住地，那是橫跨現今義大利北部和法國的遼闊地帶。不過，時至凱撒的時期，義大利這側就開始被稱為「托加塔高盧」，也就是經過羅馬化、「穿著羅馬式托加袍」的高盧，自此被排除在高盧的概念之外。

持續威脅著羅馬的高盧

西元前三八七年，布倫努斯（Brennus）率領塞農族入侵了伊特魯里亞人位於北義大利的居住地。羅馬雖然派軍應戰，卻在「阿里亞河戰役」中敗陣，導致羅馬被高盧人占領了七個月。

羅馬帝國自建國以來，唯獨這段時間曾被敵軍占領，此後便是在西羅馬帝國滅亡時期的四一〇年，才遭日耳曼裔的西哥德人占領羅馬。在阿里亞河戰役之前，羅馬軍隊向來都是由士兵各自籌措武器或盔甲，在軍事方面並未嚴陣以待，其後才開始運用國家的統籌能力來強化軍事實力。高盧人隨後在西元前四世紀中期、前三世紀後葉都曾屢次以羅馬為目標發起軍事攻擊，但羅馬也次次擋下。到了西元前二世紀初，羅馬征服了義大利這側稱為「山內高盧」的高盧人土地，高盧人的生活因而逐漸被羅馬人所同化。進入西元前二世紀，羅馬便開始將目標放在征服位於阿爾卑斯山北側的「山外高盧」。

在高盧人的侵略下，羅馬自建國以來首次遭到占領。

凱撒與高盧戰爭

西元前五十八年，凱撒出任高盧總督，進軍征討高盧中北部，其著作《高盧戰記》便記錄了這其中的經過。根據凱撒所寫，這個時代的高盧（現在的法國）共分裂成「凱爾特族」、「貝爾蓋族」、「阿基坦族」等三脈，並據此設置了「盧格敦高盧」、「比利時高盧」、「阿基坦高盧」這三個行省（參照第10頁地圖）。盧格敦高盧亦稱為「凱爾特高盧」，亦即凱爾特的高盧（前面提過，凱撒自己就認為凱爾特跟高盧是相等的）。其首府盧格杜努姆（現在的里昂）是高盧地區的統轄核心，並逐漸成為羅馬化的中心地帶。阿基坦高盧被稱為「那旁高盧」（那旁（現在的納博訥）的高盧）或「著褲高盧」（穿長褲的高盧，也就是未受到羅馬文化浸染、遵守著高盧習俗的高盧），是羅馬通往伊比利半島的重要廊道。居於比利時高盧的貝爾蓋人，是今日「比利時」一稱的源頭，但根據凱撒所述，該處絕大多數人的出身都是日耳曼人，是一塊混居著凱爾特裔跟日耳曼裔人們的地區。

西元前五十二年，在法國中部的阿萊西亞戰役

羅馬共和國發起出征高盧的戰爭

阿萊西亞是築於山頭上的要塞城市(Oppidum)。

在為高盧戰爭劃下句點的阿萊西亞戰役中，羅馬軍隊利用卓越的土木技術修築出雙層圍牆，將高盧方逼至彈盡援絕。

中，維欽托利召集了凱爾特各部落組成軍隊，但仍然被凱撒擊敗，高盧終於被完整劃入了羅馬的統治範圍內。據說當時，雙方的數萬大軍經歷了長達兩個月的包圍戰。

高盧的英雄
維欽托利

阿維爾尼族的最高領袖，號召全高盧起義組成同盟軍，抵抗羅馬軍隊的進逼。在阿萊西亞戰役中投降，其後遭到處刑。時至近代，法國漸有向羅馬時代前的高盧尋根之趨勢，拿破崙三世亦在阿萊西亞的原野上建造了維欽托利的銅像。

《高盧戰記》

凱撒親自寫下了高盧戰爭的相關記事，總共長達八卷的遠征記錄，如今成為了解當時高盧社會狀況的珍貴史料。

希臘、羅馬人眼中的凱爾特人

被形容為「好戰的野蠻人」

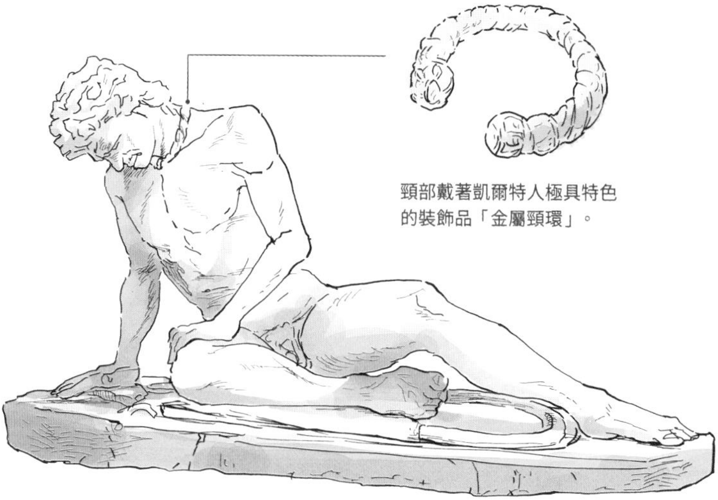

頸部戴著凱爾特人極具特色的裝飾品「金屬頸環」。

坐在當時高盧人所使用的大盾上頭。

廣為人知的凱爾特戰士雕像《垂死的高盧人》，呈現出了希臘、羅馬人對凱爾特人的典型印象。這是西元前一世紀後葉在羅馬製成的複製品，據說其原作是西元前二〇〇年左右在希臘打造而成。首先從其赤身裸體，就可明顯看出跟希臘、羅馬人的明顯差異。希臘、羅馬人總是身著軍服應戰，凱爾特人卻是以幾近全裸的姿態迎擊，身上唯一配戴的物件，就是環繞頸部的「金屬頸環（Torc）」。戰士一頭亂髮、臉龐低垂，以落敗之姿倒在防禦用的盾牌上頭，右手附近放著一把劍。

這是跟希臘、羅馬人迥然相異的「野蠻」形象，象徵希臘、羅馬人勝利的意圖，在此凱爾特人雕像中展露無疑。事實上，希臘的原作品意在紀念打贏了企圖入侵的凱爾特人，羅馬仿作則是用來紀念凱撒「高盧戰爭」的勝利。

古代凱爾特人的自我形象

另一方面，有一尊在德國格勞堡（Glauberg）所出土，製作於西元前五世紀後葉的等身大（一八六公分）雕像，被認為是在刻劃凱爾特人的戰士或祭司。該作所傳達出的凱爾特人形象，顯然跟希臘、羅馬人眼中的野蠻形象截然不同。

雕像左手持小型盾牌，右手覆胸，手上可見手環和戒指（無名指）；服裝也並未裸體，而是穿著盔甲或典禮服儀，配戴金屬頸環和垂飾。彷彿擴張了耳部的成對大片冠帽獨具特色。頭髮和鬍鬚皆經過整理（這也跟希臘、羅馬人眼中的形象完全相反），推測應是身居高位的人物或祭司。事實上在出土這座雕像的格勞堡，還挖掘出了另一尊男性雕像，頭戴冠冕、身上配戴入鞘的劍和寶石裝飾，推測應為其守護神或守護者。

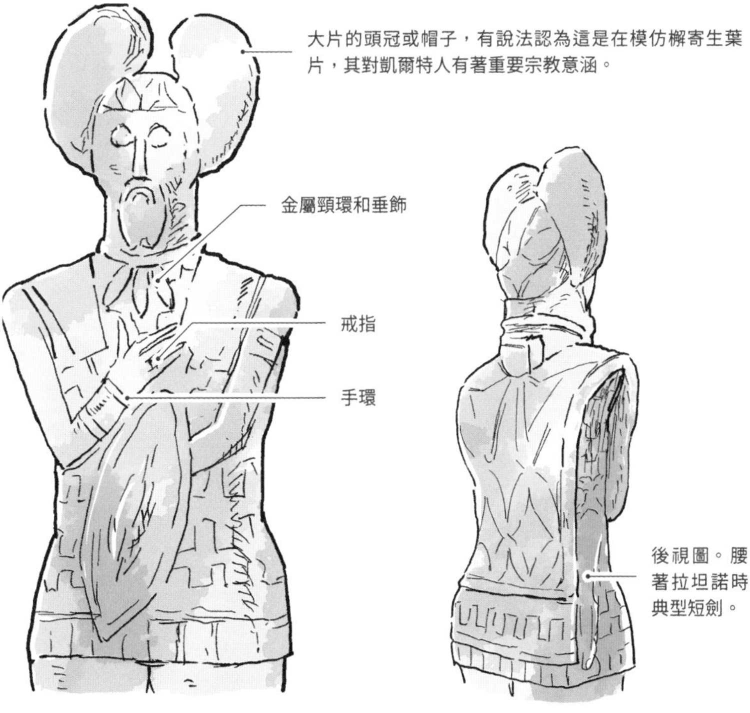
大片的頭冠或帽子，有說法認為這是在模仿槲寄生葉片，其對凱爾特人有著重要宗教意涵。
金屬頸環和垂飾
戒指
手環
後視圖。腰部掛著拉坦諾時期的典型短劍。

不列顛島與愛爾蘭

當時並沒有任何群體具有「身為凱爾特人」的民族意識

阿爾比恩
＝不列顛群島的總稱。
喀里多尼亞
哈德良長城
海伯尼亞
（愛麗尤）
布里甘特族
巴里西族
不列顛尼亞
愛西尼族
志留族
卡圖維勞尼族
倫蒂尼恩
（現在的倫敦）
頓諾尼亞族

布狄卡女王（愛西尼族）時代的不列顛島和主要部族。

現今的英國和愛爾蘭，在古代時未曾被稱作凱爾特人的土地。地名的部分，英國被叫作阿爾比恩，愛爾蘭則叫海伯尼亞（或愛麗尤）。可以說被總稱為「凱爾特人」的群體，並未具有同屬一體的「民族」意識，僅具有部落性的連結概念。換句話說，他們並沒有所謂不列顛尼亞人、海伯尼亞人之類的概念，而是以部落為單位，分成愛西尼族、喀里多尼亞族、卡圖維勞尼族、皮克特族等。卡圖維勞尼族跟高盧北部的卡塔洛納族之間具有關聯（很有可能是同一部族），巴里西族也跟高盧北部的巴里西族屬於同一部族，推測曾有過橫跨英吉利海峽的交流活動。

布狄卡女王力抗羅馬帝國

現今的英格蘭，也就是東盎格利亞的愛西尼族女王布狄卡，在凱爾特語中意為「勝利的女性」。她成為丈夫普拉蘇塔古斯王的接班人，持續出兵以抵抗羅馬的控制。在六十～六十一年前後，她摧毀了羅馬所支配的核心地區，也就是現今的科徹斯特和倫敦，然而卻敗給了重新整軍的羅馬軍隊，遭到殺害。羅馬的統治其後一路延續至五世紀初才結束。

在羅馬歷史學家筆下，她才智過人、個子很高，一頭飄揚的及腰紅髮，有著粗獷的嗓音和銳利的目光。她隨時配戴著黃金頸環和項鍊，身穿色澤鮮豔的束腰厚外褂。倫敦西敏橋西端豎立著一座知名的布狄卡雕像，便是她率領兩個女兒，駕駛著雙輪戰車的模樣。時值今日，她仍是英國廣為人知的英雄人物。

建造於倫敦國會大廈旁的布狄卡雕像。她的名號曾經長年受到遺忘，但在維多利亞時代又透過阿佛烈·丁尼生的詩作等媒介，在民間廣為流傳。

CHAPTER

2

凱爾特人的國家與地區

愛爾蘭（Éire艾爾）

「凱爾特」形象的
代表性國家之一

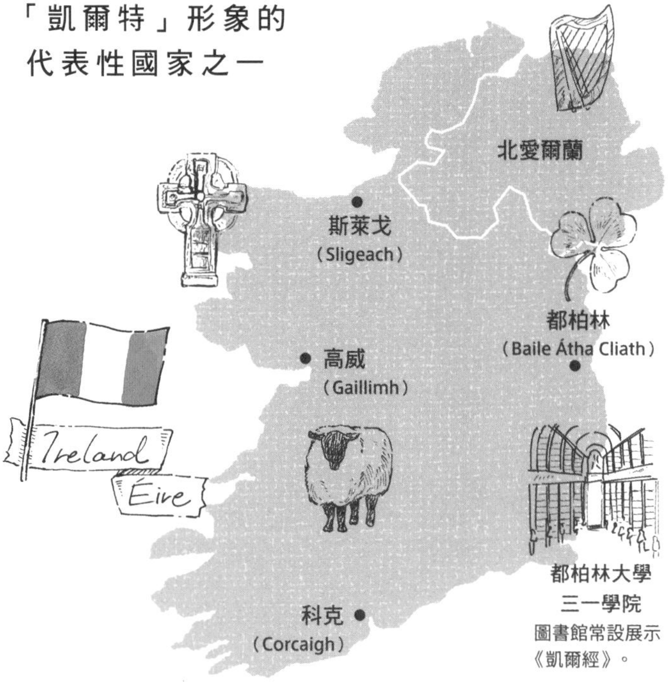
北愛爾蘭
斯萊戈
（Sligeach）
都柏林
（Baile Átha Cliath）
高威
（Gaillimh）
Ireland
Éire
科克
（Corcaigh）
都柏林大學
三一學院
圖書館常設展示
《凱爾經》。

在一本名為《奪取愛爾蘭記》的書籍裡頭，講述了艾爾（Éire，愛爾蘭）的起源。艾爾便是「蓋爾人」，愛爾蘭的「愛爾」亦是源自此處。根據此書，蓋爾人是從伊比利半島來到了此處。大西洋沿岸地帶自古便是人跡來往頻繁，事實上我們也可以說，巨石文化就是在此般大西洋沿岸文化圈中發展出來的。有鑑於此，自古流傳的愛爾蘭起源傳說，也就不見得有錯了。

愛爾蘭自英國獨立，因而強調著與凱爾特的一切淵源。在第一次世界大戰後，它是唯一在邁向獨立時標榜凱爾特血統的國家。為了跟隸屬日耳曼語系的英語做出明顯區別，愛爾蘭將凱爾特自身的語言「蓋爾語」訂為國語，當成第一官方語言來使用。除此之外，包括將凱爾特豎琴用於國徽之中、經常將蓋爾文字當成印刷字體使用等，在在都顯示出了這番背景。

倘若將環繞著愛爾蘭發展的「蓋爾語文化圈」，拿來跟不列顛島的凱爾特語族文化圈的「布立吞語文化圈」互做比較，將可得出高度的同質性。至少一直

聖派翠克節

三月十七日是聖派翠克的忌日，海內外的愛爾蘭人都會在身上配戴白花酢漿草（三葉幸運草）或綠色物品來紀念祂。近年在日本東京的表參道等處，亦會舉辦盛大的遊行。

蓋爾語是第一官方語言

愛爾蘭的交通標誌等物件，全都會同時標示蓋爾語和英語。二○○七年，蓋爾語也被加進了歐盟的官方語言之中。不過，其實很少人會在日常生活中使用這種語言。

到十六世紀為止，在其文化圈範圍內的愛爾蘭、蘇格蘭與曼島，都隸屬於同一種語言，也就是蓋爾語文化圈。實際上，愛爾蘭的傳教士甚至還曾直接拿愛爾蘭的蓋爾語聖經，來向蘇格蘭傳教。

布列塔尼（Breizh布雷茲）

不曉得讀者們是否知道，法語中的英國稱為「Grande Bretagne」，也就是「大布列塔尼」。布列塔尼跟英國，或者更該說，布列塔尼跟不列顛島之間其實有著緊密的關聯。「布列塔尼」這個地名的語源也跟「不列顛」一樣，都是來自拉丁語中的「不列顛尼亞（*Britannia*）」。換言之，布列塔尼最初所指稱的，便是「來自不列顛尼亞的人們」。這批移民是在三～八世紀出現，跟所謂的「民族大遷徙」時期重合。一直到十世紀左右為止，不列顛島和布列塔尼都一起被稱為「不列顛尼亞」。

也因如此，布列塔尼的凱爾特語「布雷茲語」，跟不列顛島的凱爾特語「凱爾諾（康瓦爾）語」、「卡姆利（威爾斯）語」都相當類似。

有許許多多的傳說，都說人們是從不列顛島渡海而來。尤其在現今布列塔尼的九個教區之中，就有七個是由渡海而來的聖人所開設的。這批聖人深受敬愛，人們至今仍會透過七聖人巡禮緬懷祂們。人們相信恰巧在這個時期，布立吞人建立起了橫跨布列塔尼

布列塔尼與不列顛島
不為人知的意外關聯

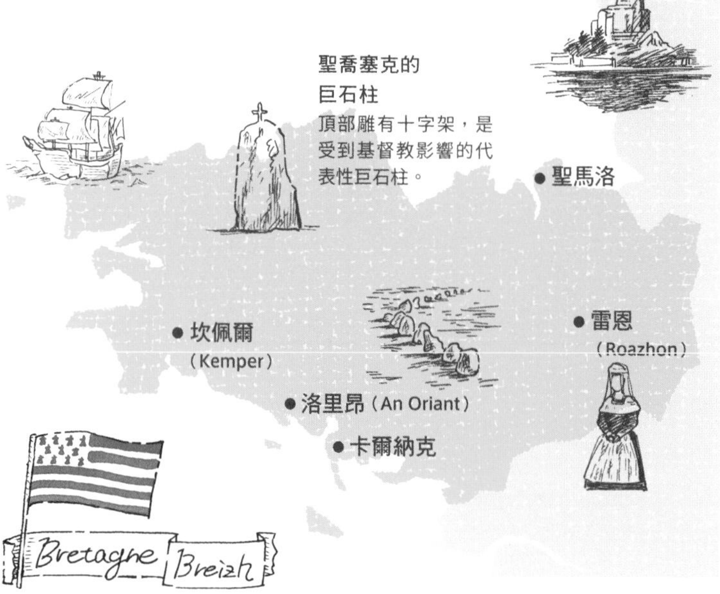
聖喬塞克的
巨石柱
頂部雕有十字架，是受到基督教影響的代表性巨石柱。
聖馬洛
坎佩爾
(Kemper)
雷恩
(Roazhon)
洛里昂(An Oriant)
卡爾納克
Bretagne
Breizh

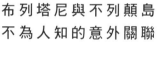

和康瓦爾的「頓諾尼亞王國」，這兩個地區在其後仍然維持著密切聯繫。

德洛梅尼祭典：傳承基督教之前的凱爾特文化

這是每六年一度舉辦於洛克倫村的祭典，人們會穿上傳統服飾，巡遊多達四十四座的聖人禮拜堂。公認其源起與古代凱爾特的「聖域」有關。

以高盧為舞台的法國國民漫畫《高盧英雄歷險記》

一九五〇年代末期，漫畫《高盧英雄歷險記》開始在雜誌上連載，至今仍持續出版。故事發生於西元前一世紀中葉的高盧戰爭之際，位於法國西北方的高盧人村莊，正暴露於羅馬侵略的危機之中。或許這正呈現出了凱爾特（高盧語）抗拒法國（法語）的布列塔尼意象。

高盧人阿斯泰利克斯（Asterix）大顯身手，將強大的羅馬軍隊玩弄於股掌之間。其夥伴歐胖（Obelix）被設定成一名巨石柱（Menhir）搬運工。

此民族原是從愛爾蘭遷徙而來

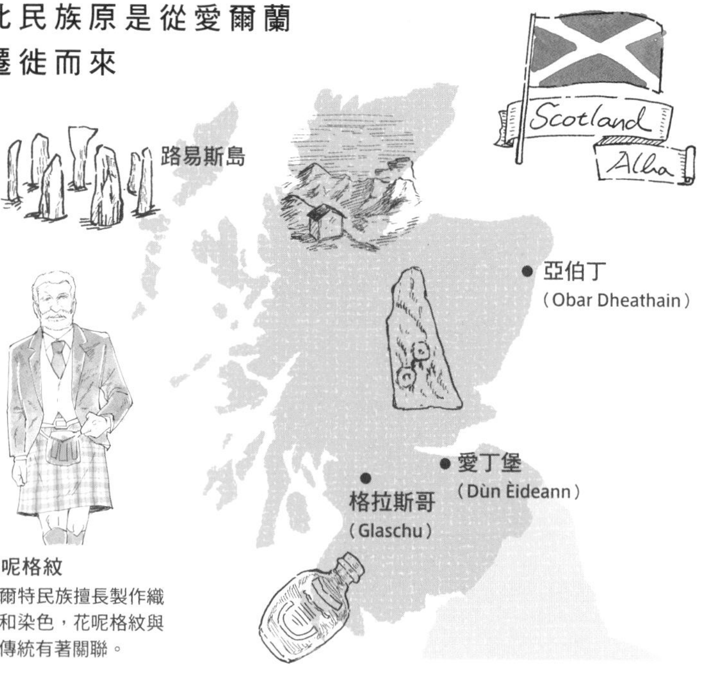
Scotland
Alba
路易斯島
亞伯丁
（Obar Dheathain）
愛丁堡
（Dùn Èideann）
格拉斯哥
（Glaschu）

花呢格紋
凱爾特民族擅長製作織品和染色，花呢格紋與其傳統有著關聯。

蘇格蘭（Alba阿爾巴）

蘇格蘭（Scotland）意思是斯科特人（Scot）的土地，不過斯科特人最初曾是位於愛麗尤（愛爾蘭古名）的民族。在古代末期，「斯科細亞」（拉丁語為*Scotia*）、「蘇格蘭」（古英語為Scotland）指的都是愛爾蘭。

意指斯科特人的「斯科提（Scoti）」，是羅馬人對蓋爾人的稱呼。斯科特（Scot）的語源並不明確，在三世紀末這個詞彙首度出現，約莫正是蓋爾人開始移居到不列顛島北部的時候。

斯科特人直到五世紀為止，似乎都持續「襲擊」著不列顛島，令羅馬人一個頭兩個大。五世紀中期，他們在今日蘇格蘭的西南部建立了「達爾里阿達王國」。這個國家在八世紀時跟皮克特人的「皮克特王國」合併，九世紀時則有一部分被納入維京人的控制之下。十世紀時斯科特人的「阿爾巴王國」勢力蔓延，到了十一世紀，皮克特語開始衰微，不列顛島的整個北部在文化上都受到蓋爾語所影響，「蘇格蘭」一詞於焉誕生。雖說如此，十二世紀時大衛一世（Dabíd）等盎格魯·撒克遜人成為了該地的統治者，蘇格蘭英語的勢力開始興起。蘇格蘭英語其後也持續受到宮廷所用，要直到一七〇七年蘇格蘭跟英格蘭王國合併，導致蘇格蘭王國消滅、成為大不列顛王國之後，蘇格蘭宮廷才開始使用我們所熟悉的英語。

高地區（A' Ghàidhealtachd）和低地區（A' Ghalldachd）

斯科特人在九世紀時被皮克特人同化吸收，開始對抗東南方的盎格魯·撒克遜人。因著這層對抗關係，隨後發展成了高地區（Highlands）與低地區（Lowlands）在語言文化上的對照關係。

高地區從十六世紀開始就發展出了風笛、花呢格紋等典型的蘇格蘭形象；低地區的發展則在十八世紀後半葉起步，成為了蒸汽機等工業革命的核心地區之一。

名聞遐邇的格倫科峽谷坐擁壯麗的大自然景色，堪稱高地區的代名詞。

七世紀時的蘇格蘭。達爾里阿達王國與阿爾巴王國不斷激烈對戰，但也逐步融合，成為了今日蘇格蘭的母體。

皮克特人

皮克特人是不列顛島的原住民，但難以釐清他們究竟是從何時開始居住於這塊土地的，而於歷史上正式登場，則是在西元一世紀，羅馬人出兵征服不列顛島之際。皮克特（*Pict*）在拉丁語中意為「繪畫」，推測這是羅馬人所取的名字，意思是「有刺青的人們」。

皮克特人長期都被視為「謎樣的民族」，其語言幾乎已經確定屬於凱爾特語系中的布立吞語族（卡姆利語、凱爾諾語等）。也因如此，推測他們跟不列顛島的原住民布立吞人屬於同族。皮克特人留下了大量的石碑，卻幾乎沒有文字，只有「圖畫文字」（Pictogram，象形符號），其中諸如兩個相連的圓盤、Z字符、鏡子和梳子等都相當著名，但各自的意涵則不得而知。非常有意思的地方在於，其實有些皮克特語石碑上也使用了歐甘文字。歐甘文字是愛麗尤（愛爾蘭）的文字，除了用來記載蓋爾語之外，就只有皮克特語會拿來運用。這也可以證明在

全身刺青，讓羅馬人感到畏懼
不列顛島的「謎樣民族」

皮克特（Picts, Picti）＝弄成彩色、被塗上之意。

具有獵首習俗、好戰的野蠻民族……這些充其量只是羅馬人所記錄下來的資訊。「皮克特人」這個稱呼也是羅馬人取的，我們並不瞭解他們是如何自稱。

當時，蓋爾語文化應比皮克特語文化具有更高的權威。事實上，其後到了十一世紀時，皮克特語便會受到蓋爾語所取代。

哈德良長城
——用於防禦皮克特人威脅

二世紀，當時統治著不列顛尼亞的古羅馬帝國修築了這道長城，劃分出北方國境，用來防止皮克特人等北方民族入侵。

皮克特石碑

石碑分成接觸基督教文化前（六～八世紀）【右】，以及接觸基督教後（八～九世紀）帶有粗略十字架的類型【左】。在上頭畫著蛇、圓盤或鮭魚等獨特的象徵物。

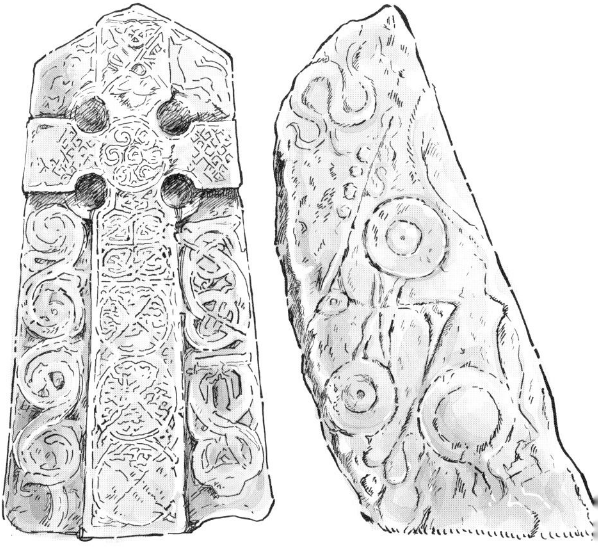

威爾斯（Cymru卡姆利）

威爾斯在古日耳曼語中稱為「瓦爾哈茲（Walhaz）」，也就是異鄉人，間接意謂著凱爾特人；法語的「高爾（Gaule，拉丁語為高盧〔*Gallia*〕）」亦有著相同的語源，意指異鄉人，間接意謂著高盧人。康瓦爾的「瓦爾」也是同個語源，「康」意味著「邊境或角落」，因此應是指「遠處的異鄉人」；威爾斯自稱「卡姆利」，意思是「一同壯大故鄉」。威爾斯是個日耳曼語系的名稱，卡姆利則是凱爾特語系。

可以稱為現今英國王室祖先的都鐸王朝，是從威爾斯的貴族發跡，跟王室有著強烈的連結。其證據便是「威爾斯親王（Prince of Wales）」這個頭銜在十四世紀便已登場，用來賦予第一繼承順位的王儲，並且延續至今。或許因為威爾斯跟英國王室的關係相近，相較起愛爾蘭或蘇格蘭，威爾斯脫離英格蘭的運動並未獲得普遍的支持。

不過，威爾斯的語言卡姆利語，其實是凱爾特語系中最具生命力的語言。在二〇二〇年的一項調查

凱爾特語言生生不息
與亞瑟王傳說
關係深遠的土地

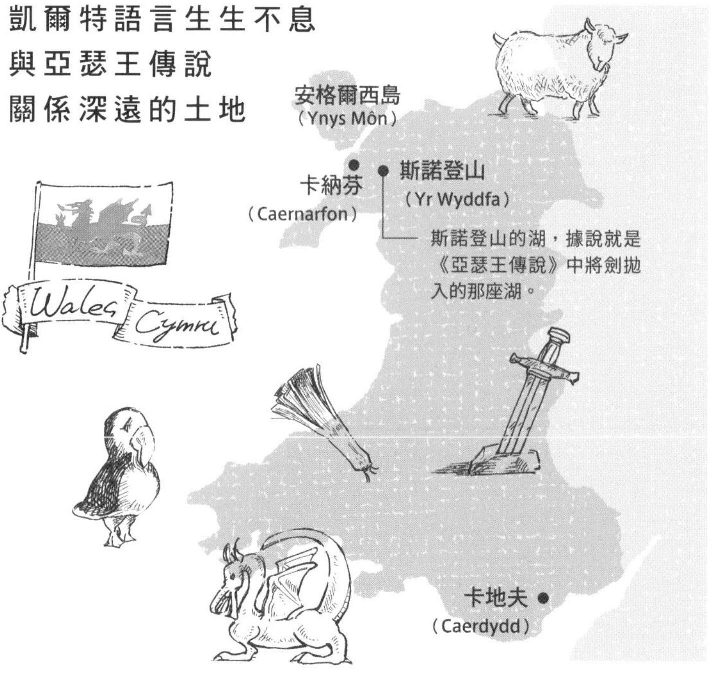

安格爾西島
（Ynys Môn）
卡納芬
（Caernarfon）
斯諾登山
（Yr Wyddfa）
斯諾登山的湖，據說就是《亞瑟王傳說》中將劍拋入的那座湖。
Wales
Cymru
卡地夫
（Caerdydd）

中，威爾斯有百分之二十八的人口，也就是八十五萬人都使用著這門語言。愛爾蘭雖將蓋爾語列為國語，日常使用者卻僅有七萬多人而已。

坎布里亞地區：與「卡姆利」語源相同

今日的英國湖區和蘇格蘭西南方也被稱為「坎布里亞」地區，這個稱呼跟「卡姆利」具有同個語源，是卡姆利人，也就是威爾斯人的土地。不過在中世紀初期，他們敗給了諾桑比亞的日耳曼人，才撤退到了現今的威爾斯。

威爾斯的象徵：紅龍（Y Ddraig Goch）

威爾斯的國旗，在白綠兩色上頭畫著紅色的龍。紅龍之所以成為其象徵，緣由眾說紛紜。其中相當知名的說法之一，便是《亞瑟王傳說》中的魔法師梅林，曾經預言了紅龍與白龍之戰。

曼島（Ellan Vannin艾倫·瓦寧）

三條腿的象徵 推測源自於凱爾特

三叉紋

逝者結

三曲腿也被運用於曼島的旗幟和徽紋之上。由三角形組合而成的北歐符號「逝者結」，推測就是於源自凱爾特的「三叉紋」等處。

談起曼島，就會想到沒有尾巴的曼島貓，或是在其島內公路所舉辦的著名摩托車賽事「曼島TT賽」。曼島在凱爾特語中叫做「艾倫·瓦寧」，艾倫指的是「島」，瓦寧則是「曼（Mann）」的屬格（或形容詞）型態。在愛麗尤（愛爾蘭）神話中登場的海神「馬那南（Manannan Mac Lir）」可以詮釋為「曼恩人」，因此被認為祂與曼島有關。

曼島是位於不列顛島和愛爾蘭島中間的島嶼，從海拔最高的舒奈爾（Sniaull,Snaefell）山（標高六二一公尺），可以將不列顛和愛爾蘭島盡收眼底。

曼島具備英國王室屬地的特殊地位，擁有自治政府，且會發行專屬的紙鈔、硬幣和郵票。其自治議會被稱為「Tynwald（庭議會）」，源自於北歐的維京人。之所以有此背景，是因為此島雖曾屬於凱爾特人，卻在八~十三世紀受到維京人所統治，「Tynwald」便是當時留下的遺名。曼島旗幟「三曲腿」同樣源自北歐，但跟凱爾特的「三叉紋」花紋亦是神似，因此也有人說它是源自凱爾特。

維京人帶入自治議會

曼島的自治政府至今仍在運作，其稱呼「Tynwald」的意思是「議會場所」。各地區的代表曾經會在稱為廷瓦爾德丘（Tinvaal Hill）的山丘上集會。

曼島的語言

該島的凱爾特語「曼島蓋爾語」，很可能一直到中世紀為止，都還能跟愛爾蘭、蘇格蘭的蓋爾語彼此溝通。曼島從十四世紀後半葉開始受到英格蘭統治，進入英語化的歷程。曼島蓋爾語一路殘存至二十世紀，但據說最後一名使用者已於一九五四年去世。不過，在二十世紀初出現了語言復興運動，目前推測曼島蓋爾語的使用人口應有兩千人左右（全島人口約八萬人）。

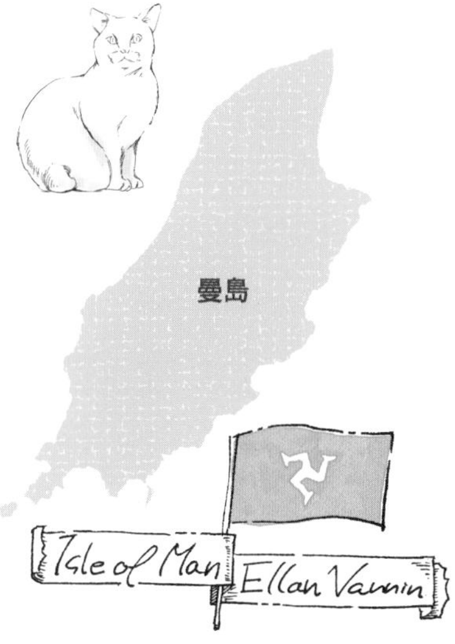

康瓦爾（Kernow凱爾諾）

康瓦爾在凱爾特語系裡稱作「凱爾諾」，最後一名凱爾諾語使用者多莉．潘特雷（Dolly Pentreath）的紀念碑，就坐落在康瓦爾西南端，彭贊斯附近的村莊波爾（Paul，凱爾諾語為布列溫〔Breweni〕）。這座紀念碑建立於一八六〇年，用於紀念在一七七七年時以一〇二歲高齡辭世的潘特雷女士。在那之後，凱爾諾語復興運動就興起了。尤其在二十世紀初，目標復興凱爾特德魯伊儀式的團體「吟遊詩人協會（Gorsedd）」，更成為凱爾諾復興運動的核心力量，目前仍持續推動此項運動。

康瓦爾從西元前的青銅器時代就以錫礦山聞名。在筆者初次造訪的一九八〇年代前期，在其礦山附近就有著流淌著紅色水流的河川。一九九〇年代時礦區遭廢，其後只留下博物館，成為一塊別墅區和觀光地帶。該處坐擁位於西南端的斷崖絕壁「蘭茲角」（英文為Land's end意思就是陸地結束的地方，在凱爾諾語中稱為Penn an wlas），堪稱小型版法國聖米歇爾山的聖邁克爾山，還有亞瑟王故事中的廷塔哲城堡等景點。

保有凱爾特文化濃郁色彩的最邊境之地

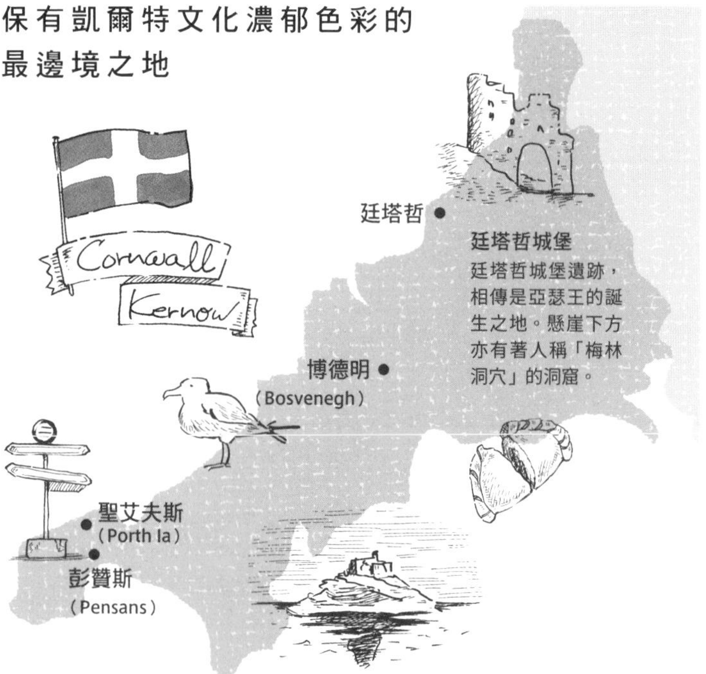
Cornwall
Kernow
廷塔哲
廷塔哲城堡
廷塔哲城堡遺跡，相傳是亞瑟王的誕生之地。懸崖下方亦有著人稱「梅林洞穴」的洞窟。
博德明
（Bosvenegh）
聖艾夫斯
（Porth Ia）
彭贊斯
（Pensans）

錫礦工的主保聖人 聖皮蘭（Saint Piran）

黑底白十字的康瓦爾民族旗，源自代表著康瓦爾的主保聖人聖皮蘭。聖皮蘭是為了傳教而從愛爾蘭來到康瓦爾，據信在羅馬帝國離開之後，他將一度失傳的錫礦冶煉技術傳授給了人們。

康瓦爾與布列塔尼的交情

聖邁克爾山在小島頂端有著一座修道院模樣的建築，跟布列塔尼地區的聖米歇爾山（行政區方面屬於諾曼第，但布列塔尼人主張這是自己的土地）神似不已（名稱也相同，意為「聖米凱爾的山」）。康瓦爾和布列塔尼的距離近在咫尺，凱爾諾（康瓦爾）語和布雷茲（布列塔尼）語很可能直到十五世紀為止都能互通。由此可以看出，這兩個地區有過不少的交流。

伊比利凱爾特人

在布列塔尼中南部的港都洛里昂（Lorient），每年八月都會舉辦凱爾特文化圈的音樂節「凱爾特音樂節（Interceltic Festival）」，包括來自西班牙西北部加里西亞、阿斯圖里亞斯等地的音樂團隊都會共襄盛舉。或許有些人會納悶「西班牙也有凱爾特文化？」其實西班牙在羅馬時代就已明確有著稱為「凱爾特伊比利語」的凱爾特語，屬於凱爾特文化圈的一分子。

伊比利半島西南方的語言「塔特蘇斯語」，使用的文字受到地中海貿易國家腓尼基的影響，近期人們開始推論，它或許也是一種凱爾特語。這門語言出現於西元前八世紀後葉至前五世紀前葉的鐵器時代初期，目前認同它屬於凱爾特語的學者還不多，但若未來獲得認可，它便會成為史上最古老的凱爾特語。

伊比利半島與海島凱爾特語其實關係匪淺，在愛麗尤（愛爾蘭）的創始傳說《奪取愛爾蘭記》中便有講述，現今愛爾蘭人的祖先是從伊比利半島前來的。此外，目前已知在古代末期的民族大遷徙時期，從不列顛島移動至歐洲大陸的布立吞人不僅抵達了布列塔

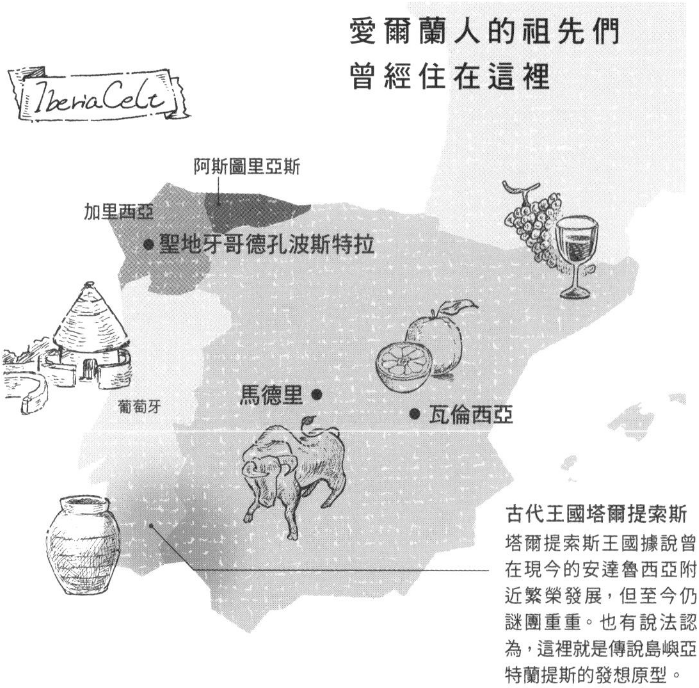

愛爾蘭人的祖先們
曾經住在這裡
IberiaCelt
阿斯圖里亞斯
加里西亞
聖地牙哥德孔波斯特拉
葡萄牙
馬德里
瓦倫西亞
古代王國塔爾提索斯
塔爾提索斯王國據說曾在現今的安達魯西亞附近繁榮發展，但至今仍謎團重重。也有說法認為，這裡就是傳說島嶼亞特蘭提斯的發想原型。

尼，更也渡海到達加里西亞，建立了城鎮（在該地留有「布列托尼亞」的地名）。跟布列塔尼一樣，布立吞人是在五~六世紀遷居加里西亞，一直到八世紀左右都擁有獨立的城鎮，其後他們被周遭具拉丁血統的群體給同化，語言並未留存至今。不過，也有一批人基於當地有著風笛類樂器的蓋達風笛（Galician gaita）等因素，而主張自己擁有凱爾特血統。

蓋達風笛

加里西亞地區的傳統風笛。一說其名稱由來，是因為使用了山羊（Goat）皮來製作。

凱爾特人的聚落遺跡

加里西亞地區的丘陵地帶，留有稱為「Castro」的圓形居住遺址。「Castro」意為「城寨」。

CHAPTER

3

凱爾特文字和語言

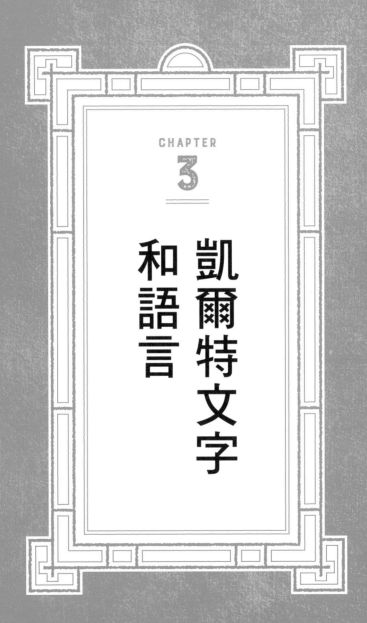

「凱爾特人沒有文字」並非事實

塔特蘇斯語碑文
（西元前六～七世紀，葡萄牙南部）

（自右上起）
LOKOBO NIRABO TO ARAIA I KALTE……
「向（迦萊耶基的）聶利族古魯神祈禱」

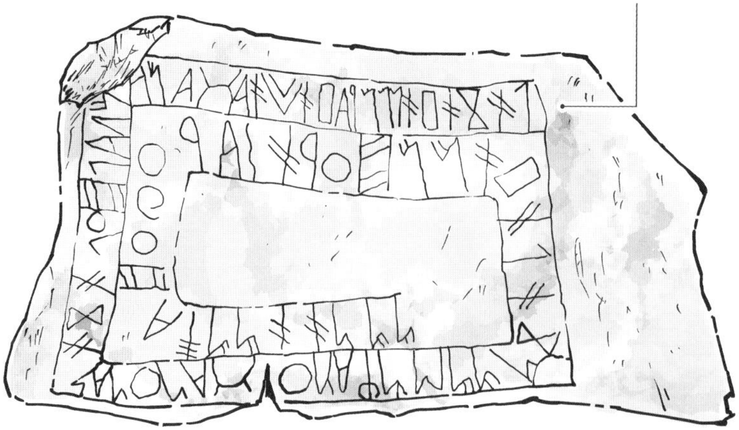

凱爾特人的文字

沒有文字，是凱爾特人的特色。一直以來我們總是說，堪稱凱爾特人精神支柱的宗教人員「德魯伊」視文字傳承為不可允許之事，所以專靠記憶來傳承文化知識；然而實際上，凱爾特人從相當久遠的時期，就已經在使用文字了。

「山內高盧」人是位於阿爾卑斯山南方的高盧裔部族，他們在西元前六世紀向鄰近的伊特魯里亞人借用文字，記錄成勒龐蒂語（Lepontic）。到了西元前三世紀（或前二世紀），他們在希臘人於高盧建立的殖民都市馬薩利亞（現在的馬賽）附近，留下了借用希臘文字書寫高盧語的碑文或陶器。等到羅馬統治來臨的西元前一世紀後半葉，還出現以羅馬文字書寫的高盧語文書。不過雖然稱為文書，其實僅是陶器上頭用來標示製作者或進獻者的文字，以及墓誌銘、潦草的咒語、曆文等等，並沒有如詩歌、散文、公家文件或是歷史之類的文書。

「塔爾提索斯王國」於西元前一千年代在伊比利半島南方繁榮發展，近年有人開始主張其語言應屬凱

歐甘文字

歐甘文字是愛爾蘭島從古代到中世紀（四世紀至十世紀）曾使用過的文字。據信「歐甘」源自愛爾蘭神話中辯才無礙的詩歌之神「歐格瑪」，也有說法認為歐甘文字是為抵抗基督教文化傳入所發展出的某種暗號。

刻著歐甘文字的石柱、石碑主要出現於愛爾蘭，在曼島、威爾斯等地也有留存。

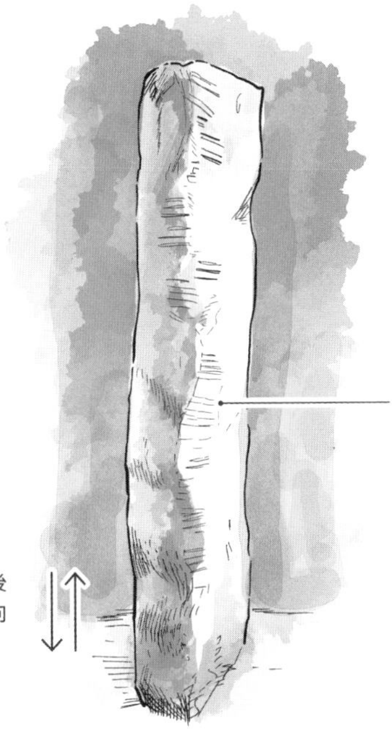
利用石頭的稜角當作基準線。
由下往上閱讀，抵達頂端後朝左彎，再從另一個轉角向下閱讀。

歐甘文字的字母

由條碼一般的縱線與橫線組合而成。留存於石碑等處的歐甘文字，大多只短短刻上國王或英雄的名字。在拉丁字母隨著基督教一同傳播之後，歐甘文字就漸漸消失了。

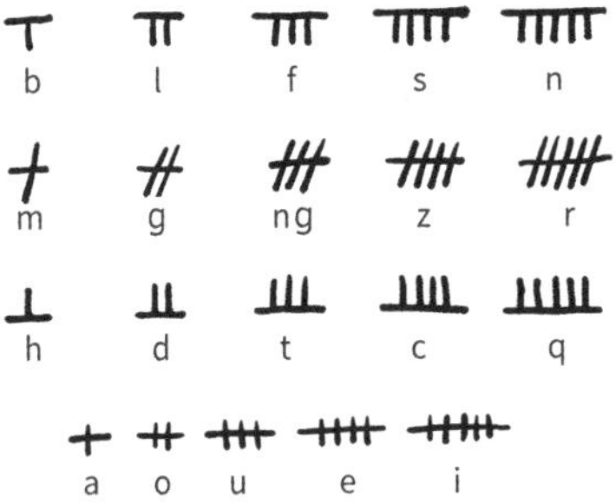
b l f s n
m g ng z r
h d t c q
a o u e i

特語。此語言在西元前八世紀便已被確認，若此主張獲得認可，它便會成為最古老的凱爾特語證據。其文字為腓尼基文。

凱爾特語

凱爾特語族隸屬於印歐語系（也就是歐洲絕大部分民族所屬類別）下的「義大利凱爾特語支」。換句話說，凱爾特語族是跟義大利語族（包括法語、義大利語）也很相近的語言。印歐語系流入歐洲，很可能跟穀物栽種的傳播屬於同一時期，推測在西元前六〇〇〇年前後，凱爾特語的祖語出現於歐洲，繼而在西元前三〇〇〇年代末期開始分歧出凱爾特語族。這跟青銅器、銅器出現的時期重合，另外也跟大西洋沿岸巨石文化的時期（西元前四〇〇〇年代後半葉以後）重疊。過去我們認為巨石文化跟凱爾特文化的關聯不強，近期漸趨有力的看法反倒是認為兩者之間關聯深厚。

隸屬印歐語系
至今仍在特定區域使用

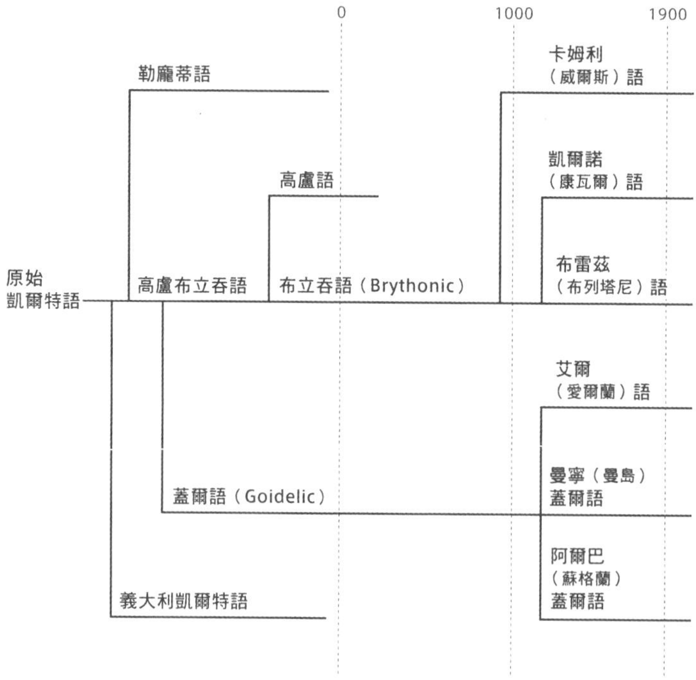

在大西洋沿岸發展出的凱爾特語族

近期學界逐漸開始強調，在凱爾特語族從印歐語族分化出來的時候，跟大西洋沿岸地區的原住民有所接觸、交流，因而發展出了文化獨特性。這便是「大西洋沿岸文化圈」，凱爾特語族在這個地區獲得了獨立性的地位。在原住民之中，例如巴斯克（Euskal herria）人的語言，據信可以一路追溯到印歐語尚未入侵的石器時代。不列顛島的北方民族皮克特人從前也被視為原住民，是說著非印歐語的「謎樣民族」。不過後來，他們的語言被半歸類為凱爾特語，如今已納入凱爾特語族下的其中一門，被視為說著不列顛凱爾特語（P凱爾特語）的一個部族。這些情況也可以視為樹立凱爾特語族獨特性的過程。

現今主要的凱爾特語族文化圈

其他還包括加拿大、阿根廷等，可參照第43頁。

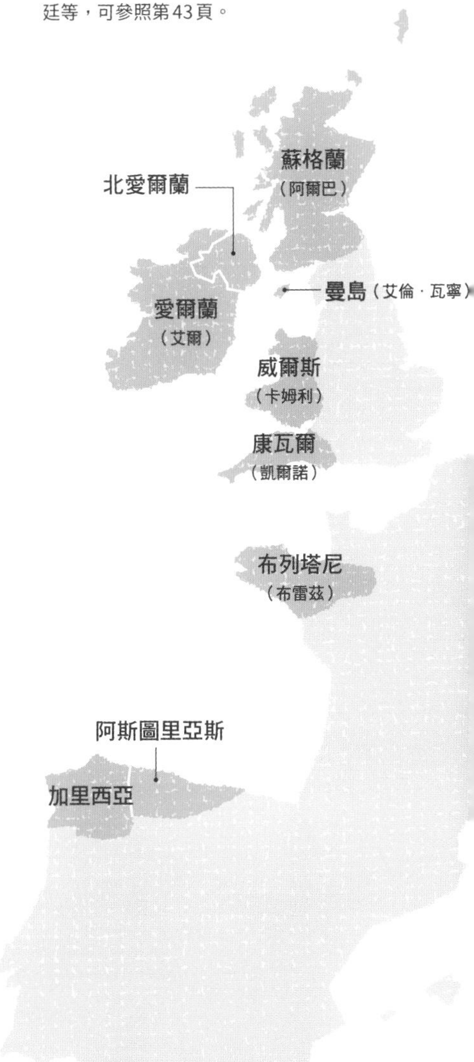
蘇格蘭
（阿爾巴）
北愛爾蘭
曼島（艾倫・瓦寧）
愛爾蘭
（艾爾）
威爾斯
（卡姆利）
康瓦爾
（凱爾諾）
布列塔尼
（布雷茲）
阿斯圖里亞斯
加里西亞

P凱爾特語和Q凱爾特語

據信在西元前一〇〇〇年左右，凱爾特語族分裂成了Q凱爾特語和P凱爾特語這兩大類。那是鐵器文化正要揭開序幕的時代，也與新物質文明的黎明彼此重合。雖說如此，近期學界已經不太會像這樣去探討物質文化跟語言間的連結了。

所謂Q凱爾特語，是一種將印歐語中的子音「KW」轉變成「K」（標為Q）的語言，屬於蓋爾語支，也就是艾爾（愛爾蘭）、阿爾巴（蘇格蘭）、艾倫・瓦寧（曼島）的蓋爾語。這些語言裡的「頭部」一詞皆是「ceann」。在已經消亡的大陸凱爾特語支中，阿爾卑斯山南方（今義大利北部）的凱爾特人所使用的勒龐蒂語、伊比利半島的伊比利凱爾特語也都包含在內。

P凱爾特語則是將該子音變成P，這些語言裡的「頭部」一詞皆是「pen」。卡姆利（威爾斯）語、凱爾諾（康瓦爾）語、布雷茲（布列塔尼）語皆在其列。還有不列顛島北部的皮克特語，以及大陸上的高盧語也都包含在內。

：Q凱爾特語圈
：P凱爾特語圈
阿爾巴
（蘇格蘭）
皮克特
艾倫・瓦寧
（曼島）
艾爾
（愛爾蘭）
卡姆利（威爾斯）
凱爾諾（康瓦爾）
布雷茲（布列塔尼）
高盧
勒龐蒂語
凱爾特伊比利

單詞比較

範例	Q凱爾特語	P凱爾特語
頭部	ceann	pen
兒子	mac	map
（數字）5	uig, queig, coig	pemp, pump, pymp

Q凱爾特語的「K」音，在P凱爾特語中相應為「P」音，因而得名。Q凱爾特語中表示「兒子」一詞的「mac」，包括MacDonald（麥當勞）、Macintosh（麥金塔）、McGregor（麥格雷戈）、MacEwan（麥克伊旺）等姓氏，在全球都算耳熟能詳（亦可參照第46～47頁）。

也於南美洲或加拿大使用的凱爾特語

加拿大的阿爾巴・凱爾特語

自十八世紀末至十九世紀前半葉，由蘇格蘭移民帶入加拿大，至今仍有數百名使用者。該語言在加拿大亦有原住民化的跡象，因此有時也被稱為加拿大蓋爾語。

阿根廷的卡姆利語

十九世紀後期，由威爾斯移民帶入阿根廷的巴塔哥尼亞，目前仍有一千至數千名規模的使用人口。該地與威爾斯亦有交流（公費留學生制度），被視為卡姆利語圈的一環。

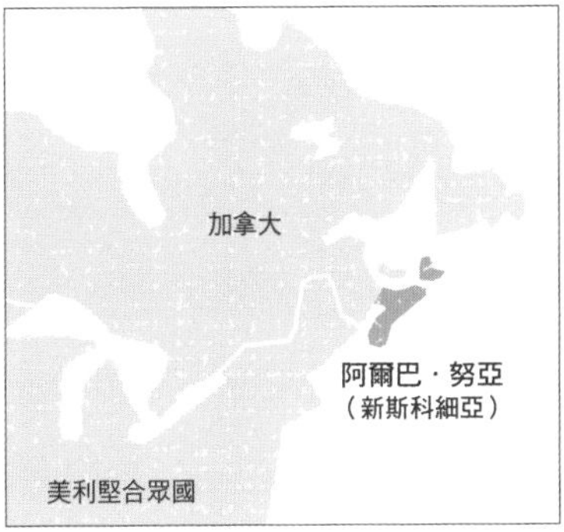

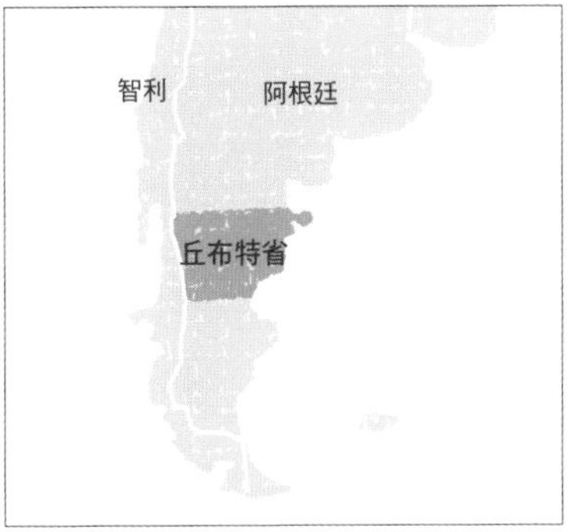

凱爾特文化是從中歐開始傳播的？

一直到一九八〇年代為止，學界都將凱爾特人與哈爾施塔特／拉坦諾文化視為相同的。這兩個都是已確定地區與年代的物質文化，哈爾施塔特是西元前八世紀至前五世紀位於中歐（德國南部至奧地利）的鐵器文化；拉坦諾則是西元前五世紀至前二世紀主要於瑞士發展的鐵器文化。兩者都在十九世紀中葉（一八四〇～一八六〇年代間）被挖掘出土，在當時被認定為是相當於歐洲人起源民族的凱爾特人遺跡。

換言之，當時學界認為凱爾特人起源於中歐，其文化在西元前一〇〇〇年代，也就是哈爾施塔特、拉坦諾遺跡的相同時代，逐漸傳播到了不列顛群島、伊比利半島，以及義大利半島、現今的匈牙利、保加利亞等東歐地區。

舊時推測的凱爾特語傳播情況

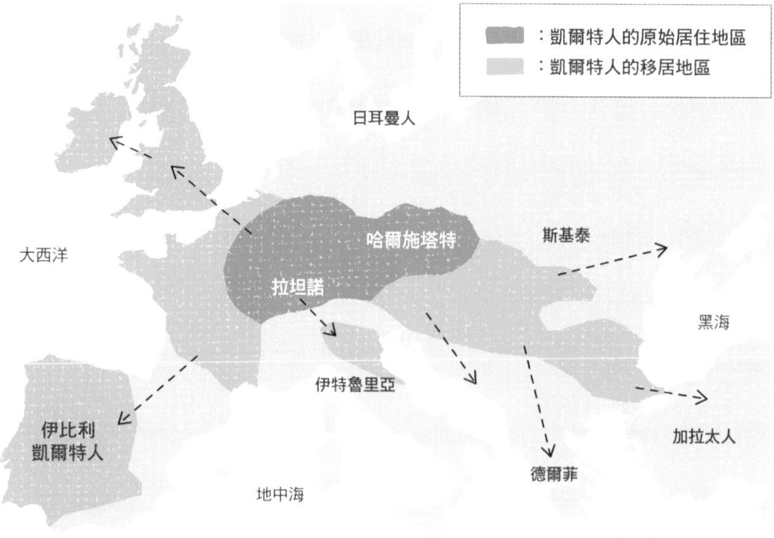

過去推論凱爾特語是從中歐傳播到不列顛島等處。

亦可能跟巨石文化時期重合

不過時至一九九〇年代，開始有人對這種看法提出異議。假使先不從物質文化層面，而是從語言層面予以考察，就如同前面所提過的，推測凱爾特祖語是在西元前三〇〇〇年代末，或者前二〇〇〇年左右出現；接著拿來對照物質文化，就會跟金屬器文化（青銅器、銅器）或巨石文化重合。如此一來，「凱爾特文化等於鐵器文化」便不正確。推測在這個時間點，凱爾特語曾扮演著大西洋沿岸地區，也就是伊比利半島至不列顛群島各民族、文化間的橋梁，是一種「通用語言」，但未必是同一個「民族」的語言。推測該語言是從高盧（現在的法國）傳向中歐、東歐。凱爾特語並不是單一民族的語言，而是擔綱著跨民族傳播文化的語言。

近年推測的凱爾特語傳播情形

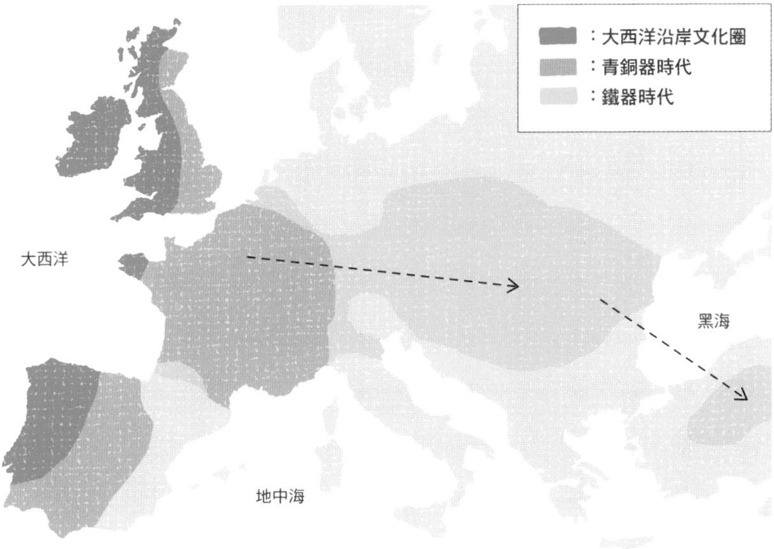
：大西洋沿岸文化圈
：青銅器時代
：鐵器時代
大西洋
黑海
地中海

凱爾特語並非單一民族的語言，而是牽繫起各民族的「通用語言」。

源自凱爾特語的名稱、地名

源自凱爾特語的詞彙
在現代仍大放異彩

約翰·F·甘迺迪的「甘迺迪（Kennedy）」，是源於蓋爾語系的凱爾特語名稱，由「Ken（頭）」和「Edy（醜陋的）」所組成。布列塔尼西南邊的龐馬爾（法語為Penmarch），則是「Pen（頭）」加上「Marc'h（馬）」，因為在布立吞語系的布雷茲語中，「Ken」會變成「Pen」。蓋爾語系被稱為「Q凱爾特語」（發K音的凱爾特）、布立吞語系被稱為「P凱爾特語」，正是出於如此的發音差異（詳情參照第42頁）。

麥當勞（MacDonald）英文的「Mac」，在蓋爾語系的凱爾特語中意為「兒子」，因此這個詞的意思就是「唐諾的兒子（子孫）」。唐諾（Donald）在古凱爾特語中意為「世界的主」。在蓋爾語系的「Q凱爾特語」之中，麥金塔（Macintosh，意為「領主的兒子」）、麥克阿瑟（MacArthur，同樣是「高貴的兒子」）等「Mac」開頭的名稱都留存到了現代，但布立吞語系的「P凱爾特語」卻沒有留下。「Mac」在布立吞語裡頭是「Map」，十三世紀時威爾斯領主盧

地名等

單詞	源自
比利時	貝爾蓋族
奧維涅	阿維爾尼人
波希米亞	波伊人
Helvetica（字體名稱）	赫爾維蒂人
泰晤士	「暗色河川」之意
日內瓦	「河口」之意
波隆納	「城鎮、基地」之意
班尼維斯山（英國最高峰）	「雪山」之意
坎特伯雷	「坎特族的城寨」之意
布拉克利亞（Baile Átha Cliath，蓋爾語中的都柏林）	「城牆市鎮」之意

另外，英語「都柏林（Dublin）」的語源也不意外地就是凱爾特語，意為「黑色池塘」。

法國香菸「GAULOISES」正是源自「高盧」一詞

在法國有個歷史悠久的香菸品牌GAULOISES，其「GAUL」便是源自高盧「Gaule」。包裝上所畫的是古代高盧（凱爾特）士兵的頭盔。

埃林・艾普・格魯菲德（Llywelyn ap Gruffydd）名字裡的「ap」就是這個「Map」，因此這位領主便是「格魯菲德之子盧埃林」。在P凱爾特語之中，威爾斯和布列塔尼的名稱都已英語化（或法語化），因此這項傳統在中世紀就已經全面斷絕。

法國在被羅馬帝國征服之前，是一塊說著布立吞語系高盧語的土地，許多地名都屬於凱爾特語系。巴黎源自高盧血統的部族「巴里西」族；里昂源自「盧格敦（Lugdunensis）」，意思是高盧神「魯格（Lugh）」的「城寨（Dunensis）」。

英國也一樣，愛丁堡在布立吞語系中意為「愛丁的城寨」，格拉斯哥則是「綠色窪地」。現今兩處都是蓋爾語系的土地，但在那之前曾是布立吞語系民族的居住地，語源皆是來自布立吞語系。

CHAPTER

4

古代凱爾特文化

巨石文化

英國西南方巨石陣的環狀列石遺跡，是在西元前二〇〇〇年前建造而成，過去我們一直認為它早於凱爾特人出現在歷史舞台之前。不過，近來卻有種可能性指出，巨石陣或許與凱爾特人的出現也有關聯。

在布列塔尼中南部，同樣有著名聞天下的卡爾納克巨石陣。這是全長達四公里的綿延巨石陣。包含這裡在內，大西洋沿岸地區有著大量的巨石陣，建造年代涵蓋西元前四〇〇〇年至前三〇〇〇年，正與凱爾特語族出現的時期重疊。這個時期同樣是青銅器、銅器文化出現之際。過去大家常說凱爾特文化跟鐵器文化的起始重合，如今則反倒開始推測，凱爾特跟巨石文化、青銅器文化或許有相關性。

在亞瑟王傳說之中，是魔法師梅林命巨人從愛爾蘭搬運石頭，建造出了巨石陣。如今巨石陣已成為世界遺產，受到了嚴密的管控，但在過去，人們曾經可以更靠近環狀列石。現代的德魯伊團體，就曾經在該處舉辦夏至的儀式。

巨石陣至今仍保有重重謎團，但其與太陽信仰的關聯已成定論。

過去推測並非由凱爾特人所建
但近年亦有不同看法

卡爾納克巨石陣

在布列塔尼地區，位於卡爾納克城郊的一整片列柱。南北寬一百公尺，東西長達一一六五公尺，共一〇九九座立石連綿的景象，叫人嘆為觀止。

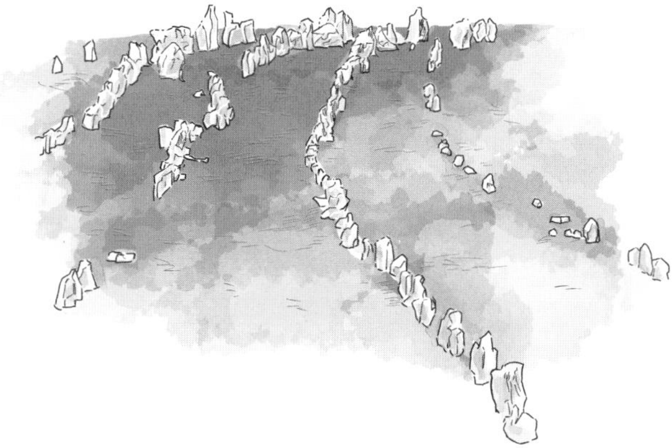

支石墓（Dolmen）

支石墓在布雷茲語中意為「石桌」，大部分都是石室墓（豎立板狀石材打造出石室，再覆蓋平整石頭而成的墓），布列塔尼地區於十九世紀初展開研究調查。布列塔尼伊勒維萊納省的「仙女岩」（La Roche aux Fées，又名妖精石）是布列塔尼最大的支石墓，長度有二十公尺。

各式各樣的巨石

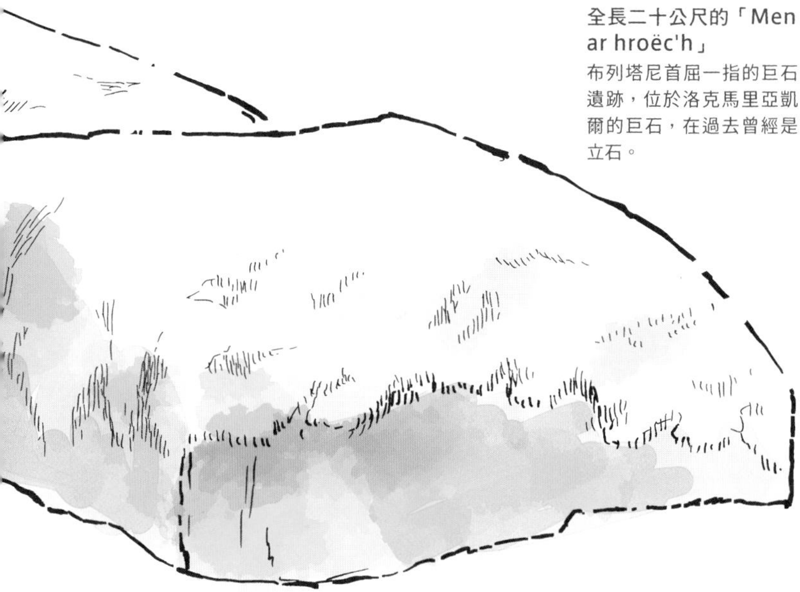

全長二十公尺的「Men ar hroëc'h」
布列塔尼首屈一指的巨石遺跡，位於洛克馬里亞凱爾的巨石，在過去曾經是立石。

巨石柱（Menhir）在布雷茲語中意為「長長的石頭」。布列塔尼的洛克馬里亞凱爾市鎮（位於莫爾比昂省）的「Men ar hroëc'h」（意思為妖精石）倒地之後斷成五截，但原本曾是單獨的立石，合併後長度二十公尺，重量亦達到三五〇噸。

巨石柱被公認就跟環形石陣一樣與太陽信仰相關，但由於歐洲各地都留有相同的信仰和遺跡，因此並無法斷言是凱爾特獨有之物。

從巨石，尤其支石墓會被冠上「妖精、仙女」之名，可以得知它在民間被視為妖精的住處。有位描繪布列塔尼民俗風情的版畫家，就曾在作品中描寫有人露宿於支石墓內，從該處出來時，被人誤認成妖精而嚇了一跳的場景。

布列塔尼與巨石文化

在全歐洲都留有這類巨石陣，但尤其集中於布列塔尼。從用來指巨石的專有名詞「巨石」、「支石墓」都屬於布雷茲（布列塔尼）語，也為此事佐證。

佇立於蘇格蘭最邊境島嶼上的巨石

在蘇格蘭西北方，外赫布里底群島的路易斯島上也有立石群。這處「卡拉尼什巨石陣」比英國巨石陣還要古老，推測是在新石器時代建造而成。

拉坦諾文化與哈爾施塔特文化

長期被視為凱爾特文化代名詞的古代鐵器文化

拉坦諾文化

行雲流水的拉坦諾式裝飾，也傳至不列顛島。在泰晤士河所發現的「巴特西盾」（西元前一～一世紀）以圓形和曲線為基底，施加了極其精巧的裝飾。推測並不是拿來實際作戰，而是用在儀式之中。

哈爾施塔特文化

鐵器是在後期才普及。出土文物上的裝飾包括抽象、幾何學式的形狀，亦有模擬人物、動物等的具體形象，依地區或時期有著各種不同面貌。

在哈爾施塔特文化圈大量出土，被稱為扣衣針（Fibula），是用來固定衣服的裝飾針。

一八四三年至一八六三年間，在奧地利中部薩爾茲堡附近的岩鹽礦場哈修塔特，挖掘出了大規模的墓地，從多達一千處的墓地之中，出土了兩萬件的武器、裝飾品、壺等文物。這是西元前八世紀左右至前五世紀的鐵器文化遺跡，取名為「哈爾施塔特文化」。已確認此處跟凱爾特人的文化屬於同源，因此在歐洲最早使用鐵器的文化，便是凱爾特人。

其後從一八五八年起直到八〇年代，挖掘工作持續進行，在瑞士納沙泰爾（Neuchâtel）湖畔的遺跡被命名為「拉坦諾文化」。推測這是繼哈爾施塔特之後，凱爾特人的第二段鐵器文化，在西元前三世紀至前二世紀之間邁向巔峰期。

這兩個文化都被冠上鐵器時代的物質文化之名，因此現代的主流看法認為，最好將它們跟「以凱爾特語言為基礎的文化」做出區別，不將它們與凱爾特文化視為同一物；不過亦有研究根據基因定序，指出哈爾施塔特和拉坦諾與高盧有著連結，因此尚無法全盤否定其與凱爾特的關聯。

霍赫多夫遺跡（西元前六世紀）

一九七〇年代挖掘出土，位於德國西南方的巴登-符騰堡邦，哈爾施塔特時期具代表性的墳墓。在類型豐富的陪葬品之中，還包括了四輪車、用餐器皿等。

岡德斯楚普大鍋

於一八九一年在丹麥的岡德斯楚普（按拼法直接念會是「古德斯楚普」，但丹麥語發音是「岡德斯楚普」）發現岡德斯楚普大鍋（Gundestrup Cauldron），被視為歐洲史前時代最重要的美術品。它是重八．九公斤的純銀製品，鍋深二十一公分，直徑六十九公分，外周長二一六公分，用錫在內側焊接了五片銀板、外側則是七片銀板。銀板原本應該有十三片，但外側少了一片。另外還有直徑二十六公分的圓形底板。從上頭所畫的武器或裝飾品，可以得知是西元前一五〇年左右的產物。

在繪畫中亦可看到凱爾特式的金屬頸環，以及圓錐形的「護喉（Gorget）」等非凱爾特式物品。在大鍋上所運用的技術與風格屬於色雷斯（今保加利亞和羅馬尼亞），但頭盔、號角（Carnyx）、金屬頸環、大鍋形狀等描繪主題都屬於凱爾特。

呈現出古代凱爾特世界觀最重要的美術品之一

側面板由兩片銀板貼合而成，內側也有浮凸的裝飾。

西元前一世紀左右的文物，藏於哥本哈根的丹麥國立博物館。一八九一年在日德蘭半島的泥煤地出土。

繪於銅板上的豐饒世界

科爾努諾斯

凱爾特神話中極具代表性的神祇。既是冥府之神，也是狩獵之神。頭上長著兩支鹿角，盤腿而坐。

左手握蛇，引領著鹿隻，彰顯出動物之王的身分。

另一手則抓握著金屬頸環。

中央所繪的是豐饒之神科爾努諾斯，左側的雄鹿經常會跟祂畫在一起。

頭戴帶角頭盔的人物不像士兵，推測應是神職者。帶角人物的呈現，在其他作品中也可見到，若是士兵就意味著勝利。

上層的動物看起來像鬣狗，但意義不明，或許是用來彰顯勇猛。

帶翅的獅鷲。

下層並排的三頭動物是獅鷲（Gryps），有著鷲的嘴喙和翅膀、獅子的身體，是希臘神話中的虛構生物。不過中央處擁有羊角的蛇，則是凱爾特式。蛇經常會跟科爾努諾斯畫在一起，但在這裡應是代表著豐饒與重生的神祇大格達（Dagda）。

側面板內側

上層是騎兵，下層是凱爾特所獨有，持長盾的步兵隊伍。
幾名騎兵頭戴著具有角、野豬、鳥類裝飾的頭盔，這被詮釋為勝利的意涵。

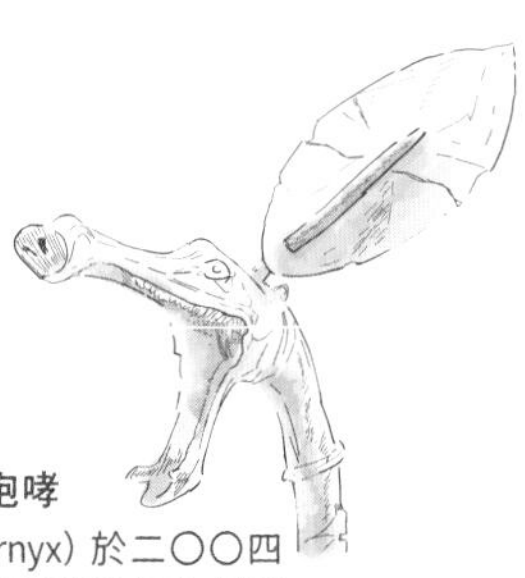

動物們的咆哮

此號角（Carnyx）於二〇〇四年在法國科雷茲地區的坦蒂尼亞克（Tintignac）出土。看似像龍，但推測是以野豬為原型。

凱爾特的號角
Carnyx

右端士兵們所高舉的，是青銅製的管樂器「Carnyx」。形狀細長，頂端裝著模仿龍、野豬、蛇等動物頭部的裝飾。被認為他們會在戰鬥前吹響這種號角，用以威嚇敵人或鼓舞己方士兵。

左方的大型男子正要將士兵放進大鍋裡頭，這應該不是在獻祭人體，而是要利用大鍋達到重生的表現。這跟在卡姆利（威爾斯）《馬比諾吉昂的四個分支》作中登場的「重生大鍋（Pair Dadeni）」相同，能夠讓戰死沙場的戰士重獲生命（參照第123頁）。

側面板的外側。擁有車輛的蓄鬍男神，很可能是類似於羅馬神祇「朱比特」的凱爾特神祇「塔拉尼斯」。

凱爾特的錢幣

西元前四世紀，為馬其頓腓力國王擔任傭兵的高盧人將錢幣「腓力二世國王的馬其頓金幣」帶入高盧，其後廣為流通。到了前二世紀，高盧的許多部族都開始打造硬幣。推測此時「要塞城市（Oppidum）」般的市鎮已然成形，職業分工也有所進步，貨幣經濟開始成立。錢幣上頭會出現領袖的側臉（包括在阿萊西亞戰役中敗給凱撒的維欽托利的錢幣）、鋸棕櫚裝飾、生命之樹、龍、蛇、野豬、丁香、公牛等物，但最多的是馬匹。無論哪種樣式都稱不上是寫實手法，而是經過設計、化為圖形，可謂「古代凱爾特美術」的典型。

如畢卡索畫作般經過變形的人馬之舞

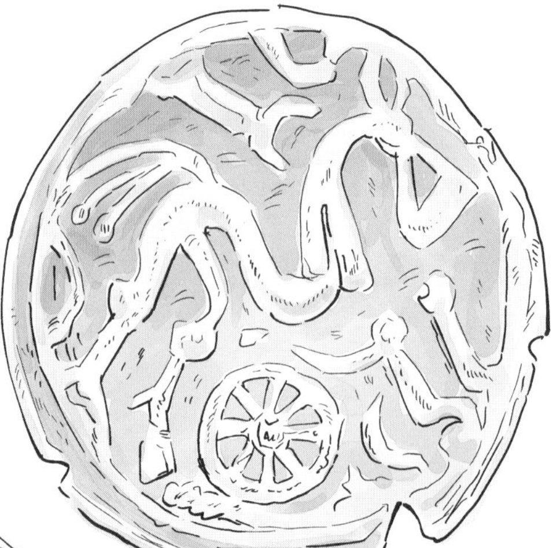

基本形式是正面畫人物（臉），背面畫馬。從西元前二世紀左右開始製造。

亞歷山大大帝之父，腓力二世所發行的馬其頓金幣，寫實的圖樣與凱爾特硬幣蔚為對照。

圖形化的頭髮與臉部表現

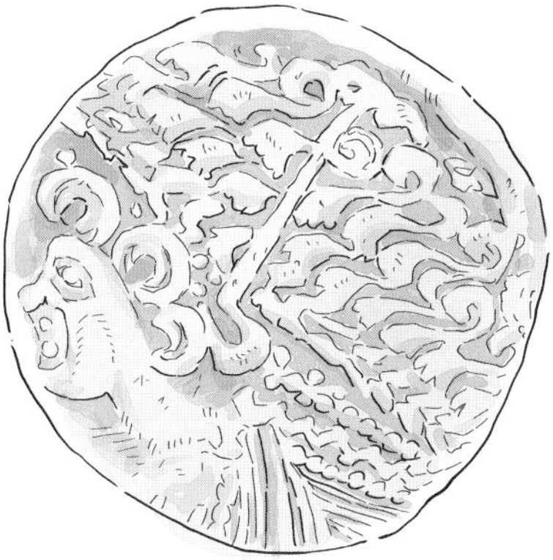

捲曲的頭髮變成設計，正中央有著髮夾般的物品（西元前二世紀，不列顛島）。

很可能是女性的臉，但已經完全變形。眼、鼻、嘴（或臉的輪廓）皆用線條表現，周圍的圓形和方形可能是在呈現頭髮（或裝飾品，西元前一世紀初，法國）。

策馬女戰士

可以看出模仿了馬其頓硬幣（右頁下方）的基本構圖。馬匹上頭應是一名女戰士，這證明了凱爾特不同於希臘、羅馬，包括女性都會參戰。頭髮畫得相當誇張。下方的直線和四角形區塊，是相對於馬其頓硬幣上會刻文字的位置（西元前二世紀，法國）。

右手持巨大金屬頸環，左手拿著盾，以及應為鋸棕櫚之物，也有人說這是凱旋而歸的模樣。

馬的尾巴末端可見有蛇，或許也是用來彰顯勝利或勇氣。

凱爾特的劍

歷經各類演變
逐漸發展出長劍

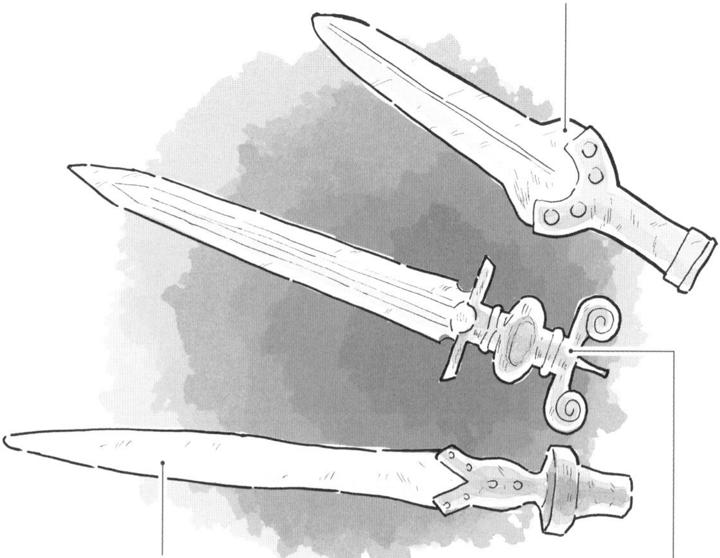

鯉魚舌型（Carp's tongue）
西元前一〇〇〇年左右在歐洲廣泛使用的款式。是劍身寬大、前端尖細的結構。

古德林根型（Gundlingen）
哈爾施塔特C階段典型的劍。目前在德國、法國，以及英國、愛爾蘭等處都有出土。

昆蟲觸角型（Antenna）
在青銅器後期經常可見。劍柄部分如同其名，畫有昆蟲觸角般的對稱曲線。

被判定為凱爾特最古老的劍，是在西元前一一〇〇~前一〇〇〇年左右，後青銅器時代的「鯉魚舌」型，以及哈爾施塔特B階段（西元前八~九世紀）帶有「昆蟲觸角劍柄」的劍。特色是葉片形刀身，屬於揮砍型的武器。在那之前則是偏細而前端尖銳的穿刺劍。

哈爾施塔特C階段（西元前七~八世紀）古德林根型（或明德海姆型）的劍（青銅、鐵），向來被稱為凱爾特人在歷史上最初期的劍；哈爾施塔特D階段（西元前六世紀）開始出現短劍；拉坦諾時期（西元前五世紀）又再次出現長劍。已知在該時代，劍會放進劍鞘裡，並佩帶於右腰。拉坦諾初期的長劍約六十公分左右，相比之下較為短小，時至末期則逐漸發展成超過八十公分的揮砍型長劍。

神話裡的劍

在庫胡林大顯身手的《奪牛長征記》作中，年長的戰士弗格斯·麥克·洛伊（Fergus Mac Roich）有把魔劍卡拉伯格（Caladbolg），只要揮舞這把劍，就能砍倒一百名敵兵，並且削下三座山的山頂。

在用卡姆利（威爾斯）語寫成的《奇虎克與歐文》（Culhwch and Olwen，有亞瑟王登場的最古老故事）之中，亞瑟所持的「石中劍（Caledvwlch）」就跟魔劍卡拉伯格一樣，意思都是「堅硬的劍」。中世紀法語稱Calibore或Excalibor，在英語中則成了Excalibur。亞瑟從岩石中拔出此劍，預言了他終將成為王者。

愛麗尤（愛爾蘭）在這個時期的劍，刀身約四十公分，比歐陸的劍還要短。到維京時代則出現又長又重的劍。

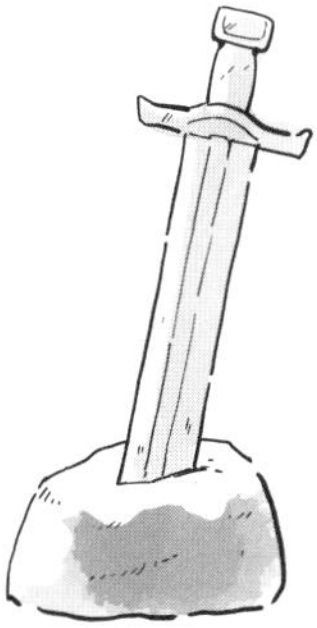

石中劍的原型

弗格斯·麥克·洛伊的魔劍卡拉伯格。據說揮舞此劍會出現彩虹，並能砍斷山丘。

「凱爾特美術」洪流

凱爾特美術以運用植物紋、螺旋紋、三叉紋等曲線構成圖樣而聞名，西元前四五〇年至前前前一五〇年左右為止的「拉坦諾文化」便是其中典型。從西元前九世紀至前五世紀為止的「哈爾施塔特文化」，當中的工藝品反倒更呈直線、幾何學式，無法歸類為「凱爾特美術」。跟拉坦諾文化同一時期，地中海的「古典時代文化」也就是希臘文化，則全然屬於自然主義、寫實主義文化，同樣也舉足輕重。它成為西洋傳統，並一路持續至現代。讓這項傳統戛然而止的是從「立體主義」開始的現代美術，這與後面會提到的「凱爾特復興」彼此重疊。

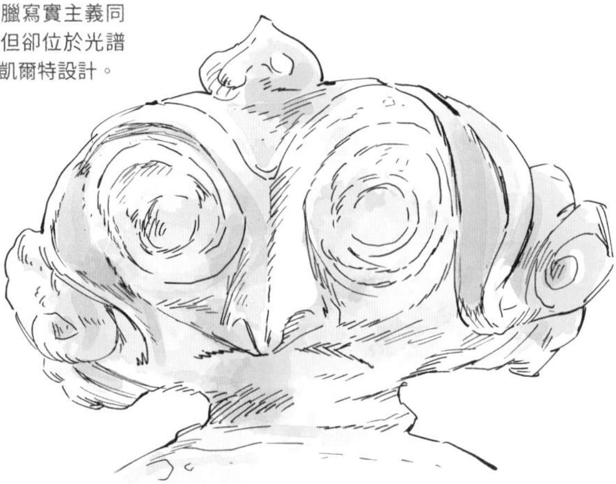
雖跟古希臘寫實主義同一時代，但卻位於光譜另一端的凱爾特設計。

從西元前一五〇年的羅馬時代起，高盧等大陸凱爾特人在居住風格、服裝、工藝品、語言等方面都受到羅馬化影響，但在不列顛群島則仍維持著以曲線為基底的風格。這是「羅馬時代的凱爾特美術」，在那之中可以見到拉坦諾時期以來的傳統元素，跟地中海元素彼此混合。

一九五〇年，「斯內蒂瑟姆的大型金屬頸環」自不列顛島中央東部出土，它原本深埋在諾福克郡西部海岸村落發現的「埋藏庫」之中，是來自西元前一世紀前期，直徑二十公分、重一公斤的金銀合金頸環。八條金線扭成圓形，兩端有著精巧的鑄造物。每條金線都擰入了八條細線，要是各條細線不夠均勻，就無法做成這個模樣，因此做工極度精密。

凱爾特人無論男女，就連小孩都會配戴金屬頸環，但這種黃金頸環應該是用來彰顯配戴之人高貴的身分。

從三世紀起，羅馬的統治力道轉弱，盎格魯・撒克遜等日耳曼體系的影響隨之增強。過去有人主張八世紀時基督教修道院的「裝飾手抄本」，應是延續了西元前凱爾特美術的「後期凱爾特美術」；但近期人們則偏向認為，這是在羅馬、基督教之中加入日耳曼元素，以新形式所達成的「復興」凱爾特美術。

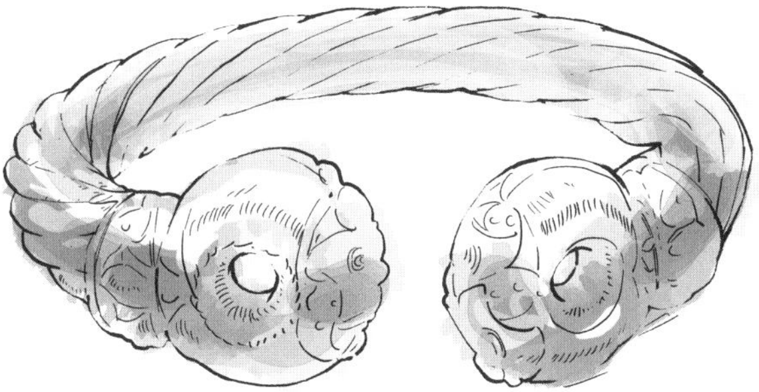

斯內蒂瑟姆的大型金屬頸環。

從十世紀至中世紀最興盛的十二世紀之間，在維京人的影響下，「復興」又以更加新穎的形式發展。

自中世紀末期到早期現代間歐洲曾經發生過「古典時代」的復興，也就是「文藝復興」，但這跟凱爾特並無關聯。在十九世紀起的「凱爾特復興」浪潮下，人們也開始以新的角度來看待古代凱爾特美術。

CHAPTER

5

凱爾特人的生活與社會

高盧的知識階級團體

德魯伊 其一

談起古代凱爾特的宗教，自然就是德魯伊了。但我們對他們的實際情況並不瞭解，因為僅存的證據，只有如凱撒等希臘、羅馬書寫者所留下的紀錄。

根據希臘作家之筆紀錄，「藥師（Vates）」司掌宗教儀式、精通植物學等自然知識；「吟遊詩人（Bards）」會吟唱詩歌、稱頌領袖；德望最高的「德魯伊（Druid）」則會處理社會的各類問題、調停紛爭、提出政治上的指引。換言之，在中世紀的西歐，相當於聖職者的「禱告者」共有三個階級，而德魯伊就位於頂端。

在中世紀後的凱爾特島嶼地區，跟德魯伊相關的紀錄幾乎已消失殆盡。這是因為基督教傳入，德魯伊身為宗教人員的角色在舞台上落幕。相對地，對吟遊詩人則有了更多的討論。吟遊詩人的共通點是會在國王或貴族的庇護下提供娛樂，除了吟唱詩歌，亦會演奏音樂、講述散文故事等。他們不僅僅是單純的娛樂

身懷系統性知識
接近古希臘哲學家、智者般的人物

吟遊詩人
精通詩歌的娛樂者。
德魯伊
在政治、立法方面擁有強大權限。
藥師
熟知藥學、大自然知識。根據老普林尼的《博物誌》（*Naturalis Historia*），他們會在儀式中使用馬鞭草。

家，更是具備修養的人物，平時必須學習，並透過學問高度與本領來精確定義自己的地位。這也幾乎是一門世襲的職業。

德魯伊與希臘哲學

推測高盧的德魯伊與希臘之間有過哲學上的交流，尤其有人指出其與畢達哥拉斯派的共通點，也就是重視數字、圖形的真理、僅透過口傳來傳播知識、身著白衣。他們有可能是從西元前二世紀起，透過高盧南部的希臘人殖民都市馬薩利亞展開了這類交流。

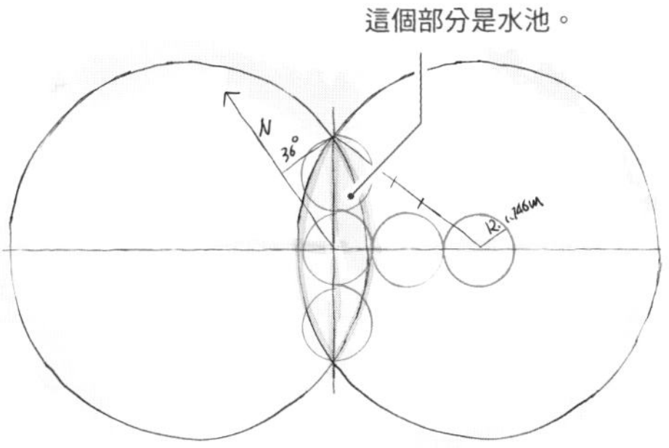

在比布拉克特遺跡（西元前一世紀）內，留有呈現了畢達哥拉斯定理的水池遺跡。

活躍於中世的吟遊詩人

在德魯伊銷聲匿跡後，吟遊詩人繼承了他的部分功能，活躍於中世紀的愛爾蘭、不列顛島宮廷之中。十九世紀後期，韻文詩歌的傳統在卡姆利（威爾斯）復甦，這演變成了「艾斯特福德」（卡姆利語為Eisteddfod，傳統詩歌音樂節），直至現代仍相當盛行。

擔任薩滿的德魯伊

德魯伊 其二

異教巫師的形象
並不符合古代的正統德魯伊

執行儀式的現代德魯伊團體。
實際上，巨石陣的建造比德魯伊的出現還要古老許多。

在西元前後，出現了面貌不同於往昔的「德魯伊」。西元一世紀，羅馬帝國征服了不列顛島後，稱威爾斯北部的島嶼安格爾西島是德魯伊的據點，破壞了該處的神殿和聖域。

從羅馬帝國時期開始，這類新的德魯伊與其說是像正統德魯伊一般的智者、進諫者，反倒被指稱為巫師，是一群會施法或占卜的人。聖派翠克在五世紀赴愛麗尤（愛爾蘭）傳教時所對抗的德魯伊，應該也是屬於這一類巫師。

夏至時，有一個「德魯伊團體」會在英國的巨石文化遺跡「巨石陣」舉行儀式。目前已知巨石陣是太陽崇拜的場所，古代的德魯伊應該也曾舉行過這類儀式，因此到了近代此儀式也「復活」了。

穿著一身白衣的德魯伊，是近代的發明，並沒有證據指出他們過去會如此穿著。不過現在已經得知，德魯伊認為槲寄生是重要的物品、崇拜太陽等自然的

「殘忍的獻祭儀式」並無證據

在凱撒的《高盧戰記》裡頭，提到高盧會打造巨大的人偶裝，讓行竊、作惡者穿上後成為祭品；若沒有適合人選，也會將無辜之人拿來獻祭。不過這項資訊存在著異議，且也缺乏考古學上的證據，有可能是出於敵方角度的偏見。

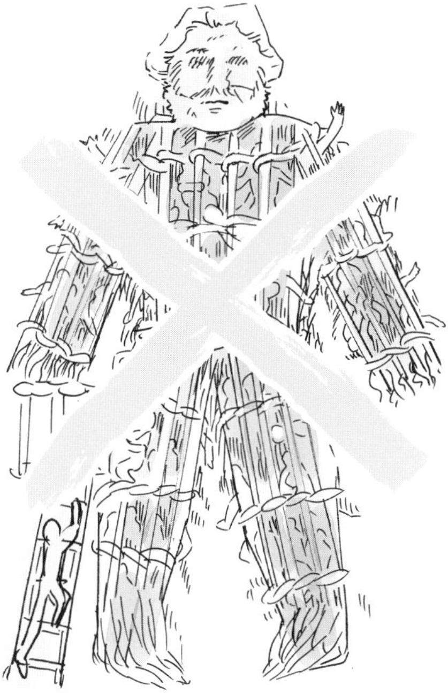

重視槲寄生是一確定事實，尤其是寄生在橡木上的槲寄生。

存在，這類「注重環境」的姿態在現代引起了共鳴。雖說如此，這邊的「復活」可以說跟古代的德魯伊毫無關聯。

魔女的原型？

在西元前一世紀左右，出現了類似於女巫、祝禱師的女性德魯伊。也有說法認為，其後的妖精、魔女等傳聞，就是延續了這類女性德魯伊的特徵。

與羅馬儒略曆完全相異
凱爾特所獨有的曆法

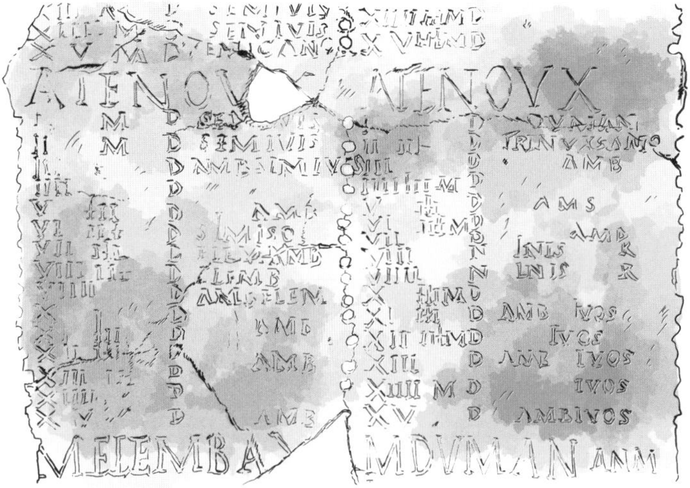

科里尼曆，在縱長九十公分、橫寬一五〇公分的青銅板上以高盧語寫成，是凱爾特文化圈目前已知最古老的曆法。

凱爾特的曆法

一八九七年在法國中部科利尼村所發現的青銅製曆法「科里尼曆」，是古代凱爾特唯一的史料。其形態跟在地中海地區所發現，為公共用途（置於廣場等）所製作的曆法有些類似，但它屬於太陰曆，而非太陽曆。它呈現了五年的週期，包括從一月（有二十九天或三十日）起始的十二個月，以及為了整合太陽曆，在五年間共有兩個月的閏月。高盧人曆法的形式雖已受到羅馬影響，但仍擁有其獨特性。從這之中，我們可以更了解凱爾特人曆法的模樣。

「一天」就跟希臘、中東一樣，是從日落起算。在卡姆利（威爾斯）語中，一週稱為「八日夜（Wythnos）」，在高盧語中也稱為「三天之間（Trinox，三夜）」。

科里尼曆的月份名稱「Samonios」，就是古蓋爾語中的「Samhain（夏末節）」，雖然以現代語來看，每種凱爾特語的意思都是指夏天，但在不列顛語言圈的傳統中，它則是「冬季的開始」。曆法裡有地方寫到「這天是三個晚上的Samhain」，這有可能是指連續三個晚上的夏末節祭典。雖然沒有證據指出古代的凱爾特人會像這樣慶祝夏至或是冬至，但根據中世紀文學，夏末節的前一個晚上，將是現世與異世界的邊界交錯之際。在傳統上，一年便是從夏末節開始算起。

夏末節——萬聖節的起源

凱爾特曆法中，一年之初是十一月一日的夏末節，它的前一晚就是萬聖節。這一天亦是死者、妖精、魔法師在街上恣意行走的日子。

據說人們在儀式中會焚燒篝火，身裹動物皮等物。

萬聖節的南瓜，原本曾是使用蕪菁

南瓜燈原本曾是將「蕪菁甘藍」這種跟蕪菁很相似的蔬菜挖空，在裡頭點燃蠟燭，用來慶祝土地的豐饒。這項傳統透過愛爾蘭裔移民傳至美國，其後才開始用南瓜代替。

凱爾特人的衣著

凱爾特人的日常服裝，據說男性是長褲和斗篷，女性則是束腰罩袍和斗篷，但實際情況如何難以確認。士兵們有時會裸體出戰。首飾部分，尤其是繞在脖子上的金屬頸環和手環，似乎是男女皆會配戴。也有證據指出他們會刺青。在岡德斯楚普大鍋（參照第58～59頁）上頭所繪的士兵穿著短褲、無袖上衣（或盔甲），配戴著頭盔（有鳥或野豬裝飾）。

「布里甘提亞神（Brigantia）」是布里甘特人（Brigantes，不列顛人，不列顛島北部）的神祇。布里甘提亞的服裝屬於羅馬式，其寫實風格、以人類來呈現神祇的這點本身就屬於羅馬的做法。目前認為「鐵器時代」的凱爾特人並不會用人物的形象來呈現神祇，凱爾特人透過人物來呈現神的表現，研判全都是在羅馬時期後才產出的。類似於古希臘「長衫（Himation）」、古羅馬「托加袍（Toga）」的服飾（皆是拿一塊布當上衣），明顯是受到了希臘、羅馬所影響。有鑑於此，凱爾特人在羅馬化之前的衣著，我們並不甚了解。不限於衣著，凱爾特人在住的方

受到羅馬文化影響甚鉅
而且在那之前的狀況則不甚明朗

身上會配戴頸部飾品、手環或別針等各類首飾。
用植物染料來替線材染色，製造出格狀紋等花樣。
以豬或羊皮鞣製，加工成鞋子或皮帶。
男性穿著稱為「Braca」的長褲。

面，也是受到羅馬影響才都市化。近年的學者認為，凱爾特既有的宗教人士「德魯伊」，應該也是在古典時代的影響下才產生體系化。

練習戰鬥的情景

據說凱爾特人會以接近裸體的模樣投身戰鬥。他們會使用弓箭、長槍來狩獵野鳥，鐵製的劍則用來戰鬥。直向的長盾相當特別，另外似乎也有鎖子甲一般的鎧甲。

被羅馬化的神

這是在蘇格蘭南部發現，推測是二世紀中期的雕像。上頭刻劃著布里甘特人的女神布里甘提亞，不過卻是身穿古羅馬托加袍一般的服裝，頭盔、長槍也跟羅馬的戰爭女神米涅瓦如出一轍。

凱爾特人的住處

凱爾特人是森林的居民，尤其格外重視橡樹，認為寄宿於上的「槲寄生」是神聖的（關於司掌宗教的「德魯伊」，請參照第66頁）。他們的神聖場所經常都位於森林裡頭。橡樹是非常堅固的木材，常被用於建造居所。他們的住處在歐洲大陸地區是方形，在不列顛群島則是圓形。通常會以家人或姻親所構成的擴張家族為單位，形成散村（於廣大地區散落著住家的聚落），到了西元前二世紀，則出現了稱為「要塞城市」的聚落。這種聚落有著石砌城牆，在德國南部的曼興就有一座要塞城市，在外緣有著長達七公里的城牆，占地面積共三七五公頃左右。不過在城牆的建造方式等處，皆可看出受到羅馬的影響。

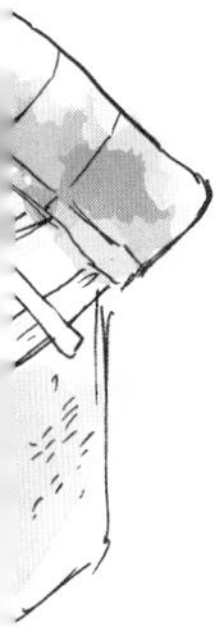

要塞城市（Oppidum）

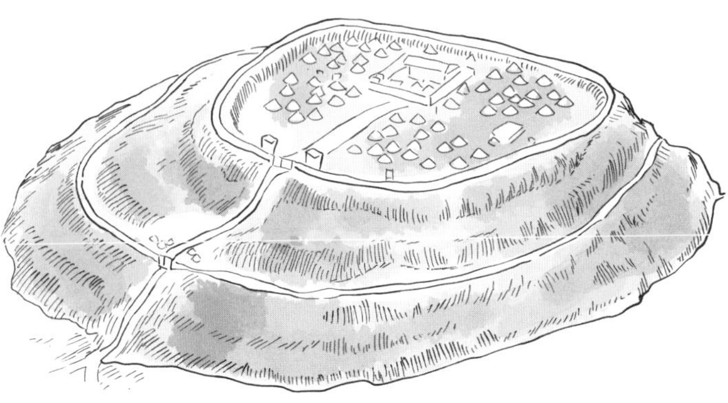

以堅固城牆圍起的居住空間。兼具要塞功能，因此大多築於山丘之上。內部設置整齊街道，並有人們居住的木造房屋。

凱爾特人曾經居於橡木建造的木造住宅中

大一點的房屋，也可能住著好幾戶家庭。

類型多元的住家

底面是圓型、屋頂呈圓錐狀的類型被稱為圓屋(Roundhouse)，在不列顛島相當普遍。在伊比利地區，則有用石砌建造牆面的住家。

凱爾特人的食物

凱爾特人基本上是農民，會製作小麥的酵母麵包。他們也會吃大麥等其他穀物類，製成粥、湯或煎餅（可麗餅）。肉類方面首先會吃家畜的豬隻，除了山羊跟鵝之外，也喜愛吃獵捕到的鹿、山豬等獸肉。不過比起烤肉，他們更喜歡用燉煮的，還會用鹽醃漬，或煙燻後做成保存食品。通常也會把魚類做成保存食品來食用。他們還會使用相當多元的辛香料，包括孜然、芝麻、茴香、芫荽、大蒜、辣根或芥末等。

凱爾特人有用小麥當成原料的啤酒「寇瑪（Korma）」，較普遍的酒類則是蜂蜜酒（布雷茲語為Chouchen）。在凱爾特王子之墓「霍赫多夫」（布雷茲語為Hochdorf，西元前六世紀）裡頭也有找到蜂蜜酒的瓶子，但其實不論在宗教儀式或民間宴會中都會使用。到了西元前一世紀，葡萄酒開始從地中海傳入，但這是高盧遭到羅馬占領後，由羅馬人移民所帶入之物。

以麵包、粥等食物為主的樸素飲食生活

代表性的餐食，是將青銅鍋子放到火上，花數小時燉煮肉或蔬菜的燉菜等。

號稱人類最古老酒品的蜂蜜酒（Mead）

以蜂蜜發酵製成，亦被稱為「不死的飲料」。在凱爾特神話、傳說中曾多次登場。

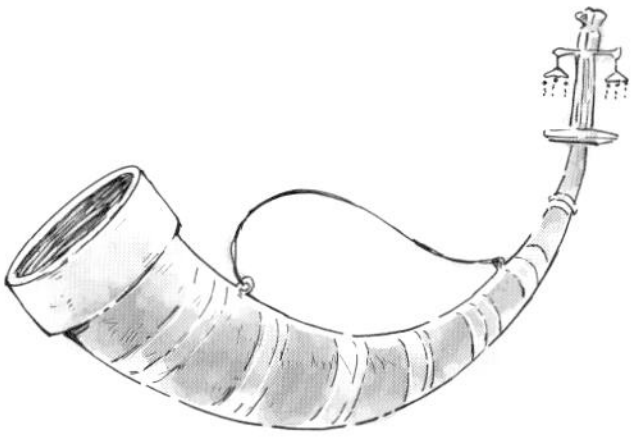

在德國霍赫多夫出土，為凱爾特王子所打造的豪華觥杯（以動物角製成的酒杯）。維京人也曾使用相同的酒器。

可麗餅的原型？

凱爾特人會將大麥、小麥磨成粉，加入雞蛋揉捏，用油煎成煎餅，在日常中食用。雖然蕎麥粉傳入歐洲是中世紀之後的事，但這類煎餅有可能是布列塔尼地區鄉土料理「可麗餅」的原型。

凱爾特的社會和身分

凱爾特人的社會
大致有著明確的階級區劃

平民、奴隸
農民
工匠
戰士
德魯伊、吟遊詩人
國王、貴族階級

在青銅器時代末期，也就是西元前一〇〇〇年起，各地開始大量建造「丘堡（Hillfort）」，且後世也有大量此時期的武器出土，研判當時曾有相當頻繁的戰事。在希臘、羅馬的紀錄中，也指出凱爾特人是難以應付的戰鬥者，他們很可能是類似於歐洲中世紀騎士的「戰士」。換言之，可視為此時他們的身分、階級已經穩固成形。國王和身旁的貴族是支配階級，戰鬥家則是如騎士般在旁。

從墳墓陪葬品中可見的大量首飾，亦可窺見貴族階級所累積的財富。扮演「祈禱者」的聖職人員，便是古典時代人們所描述的「德魯伊」。當然，從哈爾施塔特時期（西元前九世紀起），想必也已經有負責農耕的農民，以及能打造極精巧工藝品的工匠階級。跟希臘、羅馬相同，推測凱爾特人也有奴隸的存在。在古代的愛爾蘭（愛麗尤、海伯尼亞），或許早就形成了稱為「托瓦斯」的大型親緣團體也不一定。（托瓦斯〔Túath〕為威爾斯稱法，在布列塔尼則稱「丘得〔Tud〕」。）

凱爾特人的埋葬方式

推測統治階級會有豪華的陪葬品、劍、馬車或生前喜愛的物品等一同下葬，相對於此，底層的人們則採用火葬。

CHAPTER

6

凱爾特信仰與神話

太陽信仰與泛靈論

眾所皆知，英國的巨石陣與太陽信仰相關，但說起來大部分的巨石信仰，包括卡拉尼什巨石陣（蘇格蘭北部）、卡爾納克巨石陣（布列塔尼）也都跟太陽信仰有關聯。凱爾特神話中的太陽神魯格（Lugh），以及源自大陸凱爾特人、咸認與其相關的盧格斯（Lugus），同樣都屬於這類神祇（參照第86頁）。

推測當時也有普遍的母神信仰，高盧的馬特羅納（Matrona），以及威爾斯神話中推測繼承了其概念的莫德隆（Modron，語源是「母親」）應都屬於母神。認為萬物皆有靈的泛靈信仰，在史前時代或許可以說是共通的，但模擬動物模樣而成的神祇，應只屬於泛靈信仰的其中一個類型。凱爾特文化裡最典型的，便是頭上長角的「萬獸之神」科爾努諾斯（語源上指「帶角的神」），以及「馬神」艾波娜（語源是「馬」）。舉行儀式的地方並不是神殿，而是很像日本沖繩「御嶽」般沒有建築物的神聖場所「聖域」，這點亦是泛靈信仰的特徵。

司掌宗教儀式的德魯伊，基本上必須能夠駕馭這

古代凱爾特曾有四百多位神祇，但幾乎沒有全地區共通的神

長著鹿角的「萬獸之神」科爾努諾斯，亦是狩獵、豐收之神。

類寄宿於萬物之中的超自然力量，在神話中登場的祈雨儀式等皆屬於此類。

從石碑等文物中，已知凱爾特的諸神約有四百多個專有名詞，其中有三百個經確認只出現過一次。換言之，推測凱爾特人在每塊土地上信仰著不同的神祇，幾乎沒有跨地區的共通神祇。這應是當時不存在大型政治權力單位的有力證據。

馬之女神艾波娜

艾波娜常被畫成身旁有兩匹馬，或將馬繫在腰部的形象。對凱爾特人而言，馬匹是交通、貿易或戰事之中相當重要的存在。

受到畏懼的野豬

野豬這種凶猛的野生動物，對凱爾特人而言是種威脅，因此也就成為了崇拜的對象。在諸如號角（Carnyx，第58頁）、劍盾等物件上，都會大量出現野豬的意象，當成戰士的象徵。野豬在神話中也會登場，在愛爾蘭神話《芬恩故事群》（Fenian Cycle）之中，讓迪爾姆德重傷瀕死的就是一頭魔豬。

神話中的諸神

由於信仰遍布廣大地區
同一神祇擁有各類名號

太陽神魯格
凱爾特神話裡最為重要的一位神祇，「魯格」意為「閃耀之物」。凱爾特神話《阿爾斯特故事群》（Ulster Cycle）之中的庫胡林便是祂的兒子。

凱爾特神話中的太陽神魯格（現代語念作「魯」），在愛麗尤（艾爾、愛爾蘭）起源神話《奪取愛爾蘭記》中，隸屬於「達奴神族」的一員。祂跟凱撒在《高盧戰記》中所指的神祇盧格斯（羅馬的商業之神墨丘利）被視為同一人。另外，祂跟卡姆利（威爾斯）神話《馬比諾吉昂的四個分支》中登場的「手藝精湛的雷伊」，在語源方面也被視為相同。愛麗尤的魯格有著「長臂魯格」的外號，將雷伊、魯格以及盧格斯看作凱爾特自古即有的同一位神祇應該是沒問題的。

大陸凱爾特人跟不列顛島凱爾特人有著一位共通的神祇「瑪波努斯（Maponos）」。在卡姆利《馬比諾吉昂的四個分支》中登場的莫德隆（語源是「母親」）之子「馬邦（Mabon）」，跟瑪波努斯一樣都意味著「兒子」。Map在P凱爾特語中意為「兒子」，因此瑪波努斯在隸屬於P凱爾特語的高盧語，以及不列顛島的凱爾特文化圈之中便是代表「青年神祇」。

大陸與不列顛島的共通神祇

青年神瑪波努斯，到了歐陸就成為母神「馬特羅納」，經常以三位女神並列的雕像來呈現。

擁有古代凱爾特神之名的里昂

法國第二大城市、知名的美食之都「里昂」，名稱源於「盧格杜努姆」，意思是「盧格斯的城寨」。當時盧格杜努姆曾是高盧的核心地區，推測是個住著四萬人至二十萬人的大型都市。

留存至今的古羅馬圓形劇場，講述著當時的繁榮盛景。

凱爾特的異世界

在人類所住的現實世界之外
還有「另一個世界」

異世界（Otherworld）是神的居所，以及死者靈魂安息、神祕生物居住的場所。古蓋爾語中有個頻繁出現的詞彙「Sidhe」（現代語稱Sí），指的是「異界的山丘」，代表著妖精所住的山丘，或位於地下的住處。在《奪取愛爾蘭記》（Lebor Gabala Erenn）中，全體愛麗尤（古愛爾蘭）人的祖先是為「米爾的子嗣唐」，在死後將會前往「唐的城堡」。其種族的始祖，正是冥界的支配者。米爾是愛麗尤人的祖先，在那之前曾打敗了侵略愛麗尤的眾神，因而在該地住下。而戰敗的諸神所前往的則是「承諾之地」（提爾塔林吉列，Tír Tairngire），該處是位於地面下的住所（或稱青春之島「提爾納諾〔Tír na nÓg〕」）。這批戰敗的神祇重生後，妖精因而誕生（參照第90頁）。

根據留存於艾爾（愛爾蘭）各地的民間傳說，「報喪女妖（Banshee）」會透過哭號、悲嘆來預言人的死亡。Banshee意為「異世界的女性」，通常是一位白髮的老嫗；在艾爾的西部，她是一位在小河邊洗衣的女性。蓋爾語中稱之為「洗衣女

妖精之丘是地下異世界的入口「Sí」。除了地面上的異世界，在西方海域的彼方、海底也都有異世界，其與《布蘭航海記》（The Voyage of Bran）等航海故事同樣有關。

（Bean-nighe）」，布雷茲語中則稱「夜裡的洗衣女（Kannerezed noz）」，同樣都是透過洗衣的行為來預告死亡。

布列塔尼地區的死神——昂骷（Ankou）

以持大鐮刀的骷髏形象現身，是死亡的化身。語源相當古老，與卡姆利語的「Annwvn」（同布雷茲語的Annwn，異世界）有關。但其典型的「死神」形象，應是在十四世紀黑死病大流行時，受到了樂曲《死之舞》（Danse Macabre）較多的影響。

死神昂骷所駕駛的運貨馬車會吱嘎作響，這種聲音被視為死亡的預兆。

報喪女妖

愛爾蘭、蘇格蘭傳說中的妖精，會用哭號聲預告人的死亡。除了老嫗，有時也會被描繪成美麗的少女模樣。

夜裡的洗衣女

布列塔尼地區流傳的怪談，據說洗衣女會在夜裡杳無人煙的小河邊，清洗死者或死期將近之人的衣物。預知死亡的行為與報喪女妖一致。

妖精

柳田國男在《妖怪談義》中形容妖怪是「昔日神祇衰敗後的模樣」，艾爾的妖精跟日本的妖怪也非常相似。

在不同於天堂、地獄的異世界裡，有妖精居於其中。受到基督教影響，這些妖精有時也被視為墮天使，但祂們其實從更早之前就已存在，至今仍能在民間口傳故事中得到確認。在凱爾特語族圈中，愛麗尤（愛爾蘭）的Aes sídhe（妖精之丘的住民們）原本曾經為神，其後因戰敗而進入了地下。在阿爾巴（蘇格蘭）名為妮可涅凡的妖精女王，同樣也是戰爭女神尼曼（Nemain）。

妖精是平常近在身邊的存在，不少當地家庭的家譜都可追溯至跟妖精結為連理的起源。據說妖精餽贈了音樂才能和預知能力，並會教導人們民謠。祂們經常被描繪成小矮人，並且毛髮濃重。祂們在各地擁有特定名號，在凱爾特圈的共通名稱則是「普卡」（Púca、Pooka、Phouka、Puck等）。

類似於日本的「妖怪」
住在異世界的居民們

小精靈（Korrigan）
在布列塔尼地區民間傳說中出現的小矮人。亦有一說是祂們打造出了支石墓或巨石柱之類的巨石造物。

普卡（Púca）

毛髮濃密的小矮人，一種家庭妖精。在莎士比亞《仲夏夜之夢》中登場的妖精帕克（Puck），同樣是源自於普卡。

海豹女（Selkie）

在愛爾蘭、蘇格蘭的民間故事中，可以變身成人類的海豹妖精。電影《人魚傳說》（The Secret of Roan Inish，1994）、《海洋幻想曲》（2014）等作亦使用了海豹女的題材。

妖精犬

蘇格蘭民間故事中登場的「庫西」（蘇格蘭蓋爾語為Cù-sìth，妖精的狗），公認應該是妖精的看門犬，全身呈暗綠色。在愛爾蘭也存在著完全相同的庫西，因此這應是蓋爾語圈的民間傳說，跟威爾斯的「Cŵn Annwn」應該也有關聯。

綠騎士

綠色是妖精的顏色，綠衣在某些地方會受到忌諱，綠色車輛也被視為不吉利。在亞瑟王傳說裡的《高文爵士與綠騎士》作中，就有一位妖精般的綠騎士。

凱爾特神話體系

愛麗尤（愛爾蘭）很可能從六世紀左右就開始使用書寫文字，但現存資料則是十二世紀後的文物。在那其中包含著古老元素的，便是稱為「神話體系」的一系列故事。首先是建構愛麗尤起源神話的《奪取愛爾蘭記》，其古老的部分可追溯至六世紀末至七世紀。該作中的一支神族「圖哈得達南」敗給了蓋爾人的祖先「米爾之子嗣」，被驅除到了「地底世界」。在神祇魯（魯格）的帶領下，祂們在該處建立了妖精的王國。

其次便是《芬恩故事群》，講述英雄芬恩·麥克庫爾（Fionn mac Cumhaill）與費奧納騎士團所展開的超自然戰事。第三部則是《阿爾斯特故事群》（An Rúraíocht），之中最為核心的故事就是《奪牛長征記》，講述勇者庫胡林的冒險歷程。

這類故事大多是在接收基督教文化後的時代背景下所寫成，同時也含括著過往社會的元素（神祇、曆法等），相當耐人尋味。

在卡姆利（威爾斯），十四世紀後半葉的手抄本

接觸基督教前的世界觀繽紛多彩

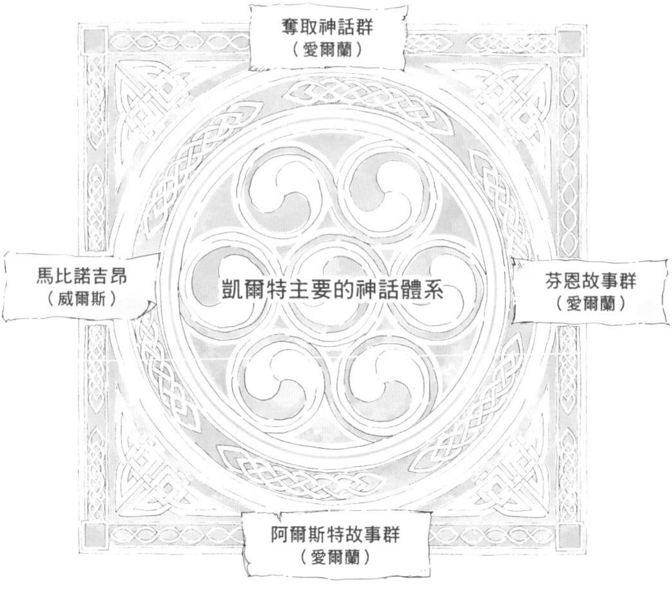
奪取神話群
（愛爾蘭）
馬比諾吉昂
（威爾斯）
凱爾特主要的神話體系
芬恩故事群
（愛爾蘭）
阿爾斯特故事群
（愛爾蘭）

芬恩故事群

故事環繞著費奧納騎士團的團長芬恩·麥克庫爾（Fionn mac Cumhaill）。芬恩武藝高強，是個品德高尚的人物，但在上了年紀後卻變得猜忌多疑，人望盡失。他的拇指沾到了智慧鮭魚的油脂，在放進口中舔舐後獲得了知識。

馬比諾吉昂的四個分支

威爾斯所流傳最著名的神話。「馬比諾吉昂」這個稱呼，是在十九世紀英國文學家夏洛特·格斯特（Lady Charlotte Guest）的翻譯下問世。

以現存的《馬比諾吉昂的四個分支》最為知名。推測它是在十一世紀時寫成，並具備著其過往二～三世紀的古老元素。四個「分支」是由四篇故事所構成，講述卡姆利王子的冒險與成婚。故事中同樣有著超自然的情節（前往冥界等），可以稍微窺見凱爾特文化在吸收基督教前的元素。

在第一分支和第三分支中登場的女性里安農（Rhiannon）跟馬匹有著深切關連，令人聯想到古代凱爾特的馬神艾波娜。

庫胡林

在愛爾蘭神話之中最偉大的英雄

庫胡林意為「庫林的獵犬」，如同其名，他的整個生涯都跟狗相當有緣。

唯獨庫胡林能運用自如的標槍「Gáe Bolg」，是其師女戰士斯卡塔赫所贈之物。上頭有著無數根刺，命中後會在敵人體內一齊展開。

在艾爾（愛爾蘭）的古蓋爾語文學中，最具盛名的當屬《奪牛長征記》（Táin Bó Cúailnge），書中的主人翁是庫胡林。故事發生在西元一世紀前後，地點是艾爾北部的烏利茲（現在的阿爾斯特）。這部故事也被稱為「鐵器時代之窗」，最知名的一點，就是能窺見希臘、羅馬的古典時期文化，以及歐洲社會在基督教傳入前的模樣。故事最初應該只是口頭相傳，其後在七世紀時被人寫下，是目前歐洲以非希臘語或拉丁語所寫成的最古老內容。

在帶動艾爾獨立的「復活節起義」（一九一六年）之際，曾經成為司令總部的中央郵局，就擺設著《瀕死的庫胡林》像，當作獨立的象徵。庫胡林在年少時期殺死了一隻看門狗，因而獲得「庫林的獵犬」，也就是「庫胡林」這個戰士名號。在他將死之際，也留意到有隻水獺（水中的狗）在喝著從他身體所流出的血，將之殺死後才拉下了生命的終幕。換言之，他這身為戰士的一生，開始跟劃下句點的形式完全相同（殺死了狗）。

自英國獨立的象徵

位於都柏林中央郵局的庫胡林銅像，呈現了他在將死之際，把身體綁縛在柱子上以維持站立的模樣。據說統率復活節起義的派翠克·皮爾斯將庫胡林奉為英雄，庫胡林因而成為愛爾蘭抵抗英國的一個象徵。

平時俊美 戰鬥時卻會化身狂戰士

「他的全身彎曲、歪斜、扭轉，看似平常，實則不同，開始變化成了詭異的可怕模樣。（中略）他的肉體在皮膚內側激烈翻轉。左右腳尖、小腿前側和前膝蓋像在彈跳般轉向後方，接著兩腿的腳踝、小腿後側和膝蓋後側又翻了個面朝向前方。（中略）
接著，他的整張臉和五官，都變得跟火紅的大鍋沒有兩樣。其中一隻眼睛如被吸進眼窩內側，陷進了頭蓋骨的深處，哪怕飛來一隻狂暴的鶴，想從那深凹的眼窩中翻出眼球，恐怕也很困難。他的另一隻眼睛則也是使勁噴出，落在了臉頰之上。」

引用自《トーイン：クアルンゲの牛捕り》（Ciaran Carson著、栩木伸明譯，2020年，東京創元社）

他乘坐著由兩匹馬所拉的戰車，頭髮和胸口配戴寶石，容貌俊美，但每當戰意高漲就會「扭曲發作」，變得如同怪物一般。有一說他的父親是太陽神魯格，是半神半人。相較於亞瑟王出生的故事，這替他增添了更多的神祕感，形成高度的英雄色彩。

CHAPTER

7

凱爾特修道院文化

凱爾特文化融合基督教

聖人信仰和修道院
成了凱爾特與基督教融合的核心

建於六世紀，愛爾蘭的格蘭達洛修道院遺址。除了大聖堂或教堂之外，尚留有高三十三公尺、稱為「圓塔」的鐘塔。

源自泛靈信仰的凱爾特土地神祇，被基督教順利吸收，並發展成了將基督教跟民眾連結起來的部分聖人。在凱爾特神話裡登場的豐收之神布麗姬（Bríd），可以連結到愛麗尤（愛爾蘭）的三大聖人之一，基爾代爾的聖布麗姬；大地的母神雅奴（Anu），則跟布列塔尼的聖女安娜有關；母神馬特羅納的母子守護神功能，則是由聖母瑪利亞承接了下來。

凱爾特文化中的神聖場所「聖域」也一樣，尤其與有關泉水的信仰，基督教恰巧也有與水相關的洗禮儀式，於是便直接融合，因此在教堂的角落經常都能看到泉水。此外，凱爾特的「異世界」常被詮釋為「承諾之地」；凱爾特神話《布蘭航海記※》（The Voyage of Bran）則是被直接吸收，變成了《聖布倫丹遊記》（左頁）。

※約在七世紀寫成的航海故事，類似於日本的《浦島太郎》，是一趟尋覓桃花源的旅程。

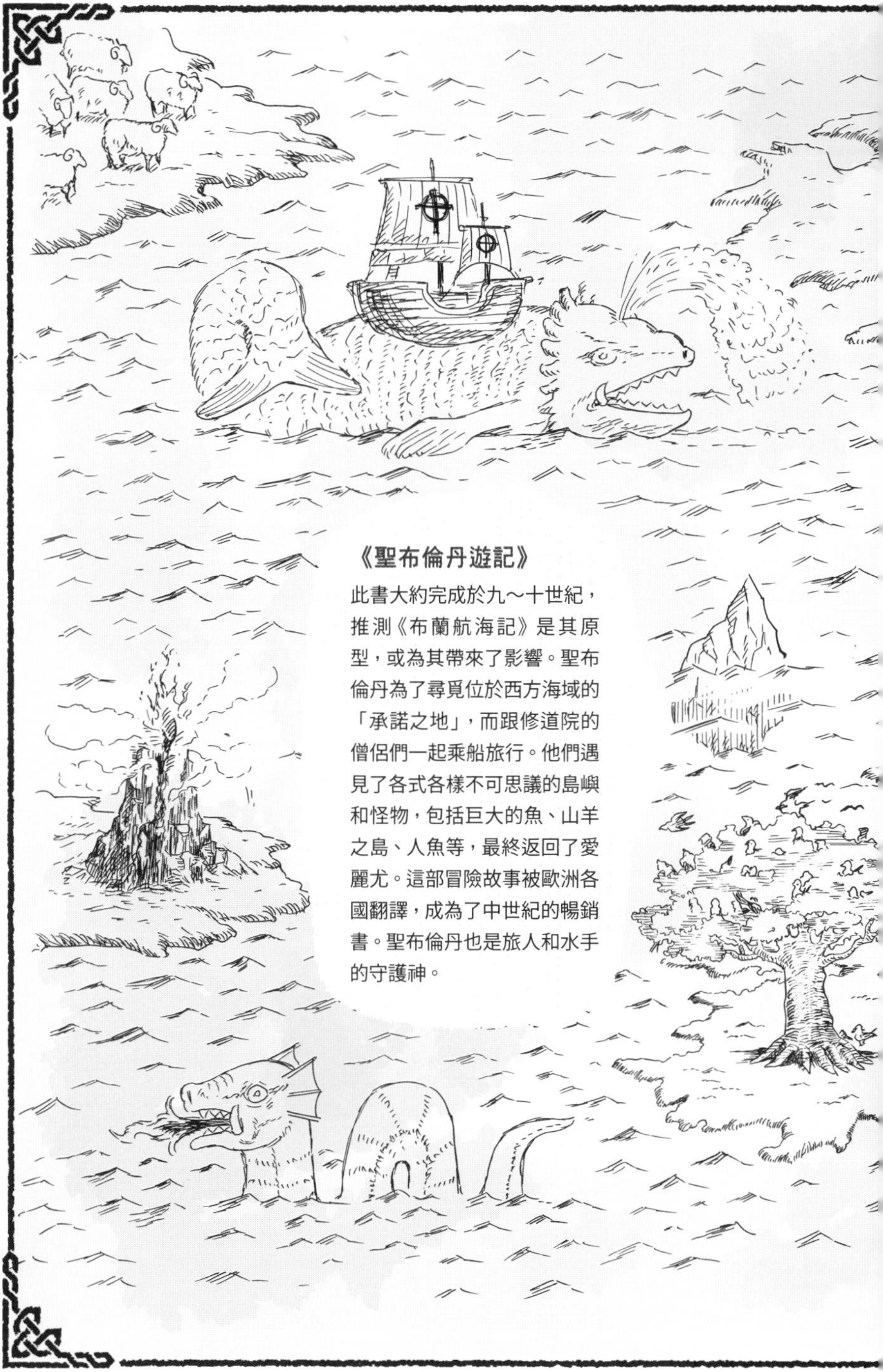

《聖布倫丹遊記》

此書大約完成於九～十世紀，推測《布蘭航海記》是其原型，或為其帶來了影響。聖布倫丹為了尋覓位於西方海域的「承諾之地」，而跟修道院的僧侶們一起乘船旅行。他們遇見了各式各樣不可思議的島嶼和怪物，包括巨大的魚、山羊之島、人魚等，最終返回了愛麗尤。這部冒險故事被歐洲各國翻譯，成為了中世紀的暢銷書。聖布倫丹也是旅人和水手的守護神。

凱爾特的主保聖人

串連起凱爾特和基督教的橋梁

愛爾蘭三大主保聖人

❶ 聖派翠克

三葉幸運草「白花酢漿草」是其標誌，亦成為了愛爾蘭的國花。

三月十七日是愛爾蘭主保聖人聖派翠克（Pádraig，五世紀的聖人）的節日，在這天會舉辦盛大的遊行。每年在日本東京的表參道，也都能看到遊行隊伍。聖派翠克是第一位在愛麗尤（古代愛爾蘭）展開大規模傳教的聖人，所以被列為主保聖人。他曾拿白花酢漿草（三葉幸運草）來講解三位一體，使白花酢漿草成為了他的象徵。傳聞他在德魯伊的儀式場地塔拉山生火，是基督教傳教的原點，人們因而在塔拉山豎立了聖派翠克像。

愛爾蘭還有另外兩位主保聖人，聖布麗姬（Bríd，五世紀後期至六世紀初的聖人）和聖高隆（Columkill，六世紀的聖人），他們都是愛爾蘭基督教草創期的聖人。聖布麗姬相當於凱爾特的女神布麗姬，也以能驅邪的聖布麗姬十字架聞名遐邇。聖高隆則是從蘇格蘭（阿爾巴）西南部愛奧那島（Ì Chaluim Chille）的修道院出發，從不列顛島一路傳教至西歐。以前我們會說凱爾特應該擁有著以這三位聖人為核心的完整教會，但此論點目前已有分歧的意見。不

愛爾蘭三大主保聖人

❷ 聖布麗姬

在愛爾蘭是僅次於聖派翠克廣受敬愛的聖人。在基爾代爾建設了愛爾蘭的第一間女子修道院，人稱基爾代爾的布麗姬。同時也是鐵匠、詩人、嬰幼兒的主保聖人。

聖布麗姬十字架

特徵是以燈芯草編成。不同於縱軸較長的拉丁十字架，縱橫彼此等長。聖布麗姬十字架以及白花酢漿草皆是愛爾蘭的象徵，會被加進工藝品或是裝飾品的設計之中。

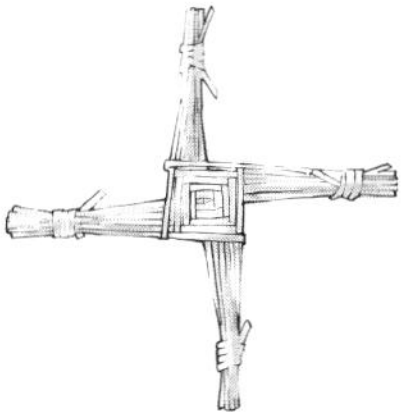

愛爾蘭三大主保聖人

❸ 聖高隆

在愛爾蘭各地設立修道院，五六三年跟門徒一同前往蘇格蘭傳教，其後以愛奧那島為據點廣泛傳教。高隆鼓勵製作手抄本，隨後也帶起了《凱爾經》等裝飾手抄本文化的興盛發展。

論如何，愛爾蘭的基督教都是在凱爾特文化的基礎上，披掛著基督教的外衣，才形成了今日的愛爾蘭天主教凱爾特文化。

布列塔尼的七聖人

五～六世紀間，從不列顛島赴布列塔尼傳播基督教的一批聖職者。人們會前往跟每位聖人相關的城市巡禮，稱為「布列塔尼之旅（Tro Breizh）」。

❷ 聖圖杜爾（Tugdual）

❸ 聖布里厄（Brieuc）

❶ 聖保羅（Pol Aurélien）

威爾斯有著知名的主保聖人聖大衛（Dewi）。如同其他聖人，他也是五世紀後時基督教草創時期的在地聖職者（節日是三月一日）。布列塔尼則主要信仰著從不列顛島渡海前來的七聖人。布列塔尼的起源傳說，就是一部從不列顛島渡海而來的傳說，而率領群眾的正是這批聖人。這則起源傳說在語言文化上亦可獲得證實。在中世紀時，七聖人巡禮的路線就已經存在了。

聖泉

在凱爾特文化圈，有著許多跟聖人相關的泉水。據說這些泉水可以治百病，吸引各地信徒前來造訪。這應是在基督教出現前，由泛靈的原住民信仰與聖人信仰結合而成之物。

❻ 聖帕泰恩（Patern）

❹ 聖科倫坦（Corentin）

❼ 聖馬洛（Malo）

❺ 聖桑松（Samson）

布列塔尼教堂中滑稽的「惡魔」

在布列塔尼的民間傳說裡，惡魔並不可怕。他們會被人類騙來建造橋梁，毋寧說是討喜的角色。在教堂裡，布雷茲語圈獨有的石砌「巨型受難像（Calvaires）」上頭便會出現惡魔；其中也有像普魯加斯泰勒·達拉斯（Plougastel-Daoulas，菲尼斯泰爾省北部）的石像那般，是屬於基督教所談論的惡魔。這些惡魔相當貼近人們的生活，未必會令人感到恐懼。

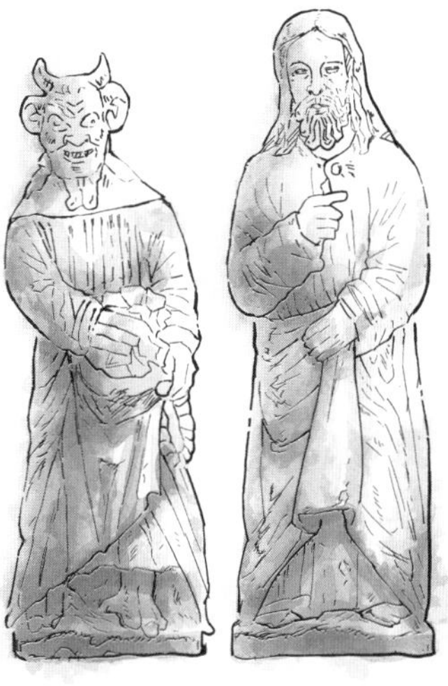

三大裝飾手抄本

從七世紀到十世紀，不列顛群島的修道院製作出了三本豪華的拉丁語裝飾手抄本福音書，按製作順序分別為《杜若之書》（Book of Durrow）、《林迪斯法恩福音書》（Lindisfarne Gospels）與《凱爾經》（Book of Kells）。林迪斯法恩是位於英格蘭東北盡頭的「聖島」，該處有著中世紀的修道院遺跡，在七～八世紀時，曾是凱爾特與盎格魯・撒克遜知性藝術交流的據點。根據記載，《林迪斯法恩福音書》是在七一五年，由當地的祭司艾德弗利斯所製作。最為華麗的《凱爾經》則是在八世紀末，於當時不列顛島修道院的據點愛奧那島（在蘇格蘭西南方）展開製作，但其後遭到維京人襲擊，僧侶們因而逃至愛麗尤（愛爾蘭）中部的凱爾斯避難，其後在九世紀初完成此作品。這三部書籍皆是以當時不列顛群島所獨有的字體「島嶼體（Insular script）」所寫成。它成為了現今愛爾蘭使用於郵票、紙鈔等處的「蓋爾字體」源頭，是展現凱爾特特性的手段之一。

讓幼小基督坐於腿上的聖母像，周圍有眾天使環繞。感受得出受到東方美術的影響。

中世紀愛爾蘭美術最高傑作
《凱爾經》

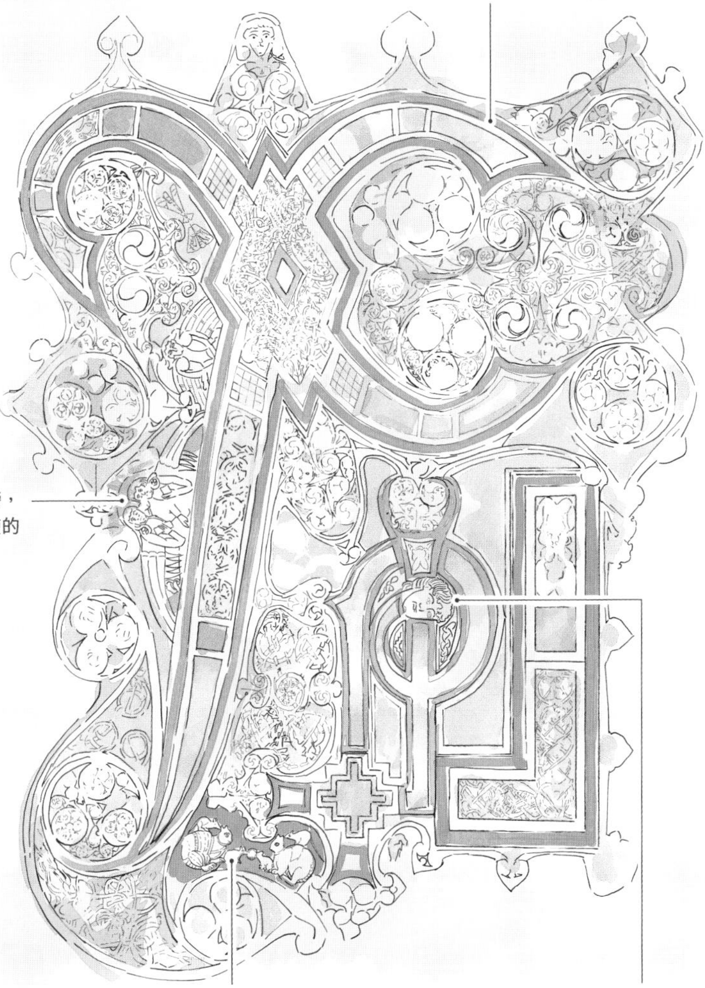
巨大的X字母。
長著翅膀，
狀似天使的
兩人。
在兩隻面對面的貓之間，有老鼠在
爭搶著聖餐禮的麵包。
在P字尖端有一顆頭，有說法認為
這是基督的頭部。

作中最著名的「英雄」頁面。代表著基督的希臘文縮寫XP（英雄）經過設計，其上交纏著人物、動物、鳥、植物與幾何圖樣（尤其是懸繞花紋）。

藏身於書頁中的各種動物

《凱爾經》裡畫著各式各樣的動物，除了貓、狗、野兔等，還有蛇、龍之類的生物，亦可看到跟扭結花紋合為一體的怪奇動物。

看似像狗或狼，但其實這也是貓。

叼著聖餐禮麵包逃跑的老鼠和貓。

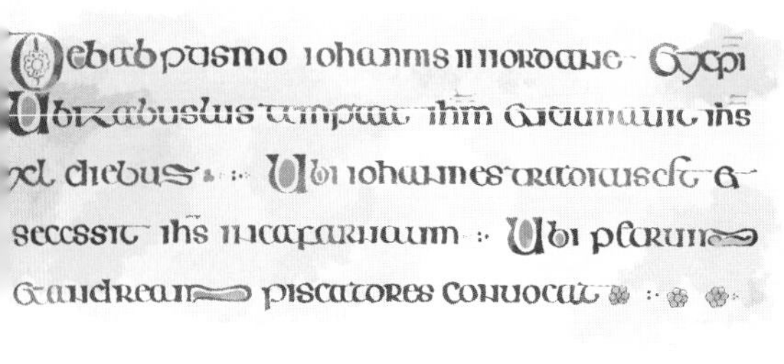

用於裝飾手抄本中的島嶼體

島嶼體（Insular script）的「Insular」在拉丁語中意指島嶼，也就是愛爾蘭和不列顛島。島嶼體藉由愛爾蘭傳教士之手，隨後也廣傳到了歐陸。文章的首字寫得比較大，通常還會施加裝飾。

※都柏林大學三一學院已將《凱爾經》數位化，開放線上閱覽。

《林迪斯法恩福音書》

從七世紀末到八世紀初，在英格蘭西北部的林迪斯法恩修道院所製成的手抄本。在七九三年，修道院遭到維京人襲擊，但福音書逃過了大難。之中有著滿布花紋、十分絢麗的「地毯頁」（因狀似東洋的毛毯，故得此稱）。藏於大英圖書館。

《杜若之書》

在愛爾蘭和不列顛島製作，被公認是現存最古老的裝飾手抄本（於七世紀後半葉製成）。特色包括象徵著眾福音書記述者的動物圖像，以及有著扭結花紋的地毯頁等。聖約翰並未如平時那般被畫成鷲，而是畫成了獅子。跟《凱爾經》一樣，藏於都柏林的三一學院。

高十字架

石造十字架
融入了基督教傳入前
的凱爾特文化

高六．五公尺，愛爾蘭最巨大的莫那斯特博伊斯高十字架（High Cross），兩面都刻著聖經場景的浮雕。

中央部分是接受磔刑的基督。
與圓環結合是高十字架的特徵。
對門徒傳道
難以置信的聖托馬斯
描繪的場景是耶穌出現在不相信他已復活的聖托馬斯面前，令托瑪斯將手指伸進其側腹傷口內。
逮捕基督
基督被猶大背叛，被士兵們捉住的瞬間。
柱子的根部有兩隻貓，一隻在跟幼貓嬉戲，另一隻在捉鳥。

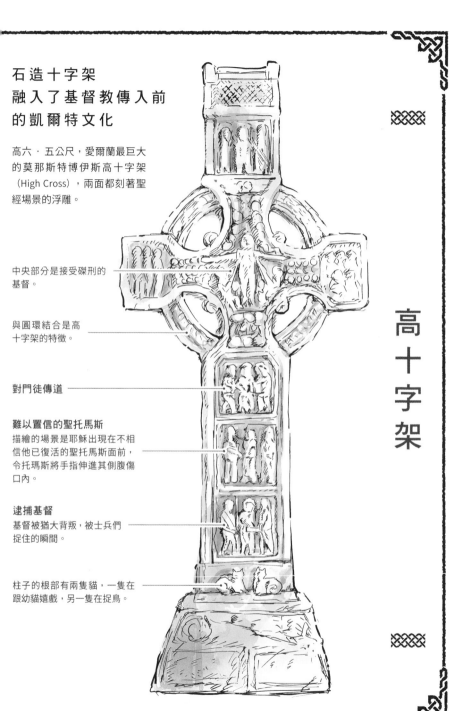

側面滿布著裝飾花紋

莫那斯特博伊斯高十字架的側面。推測這類十字架有助於人們理解基督教的教義。

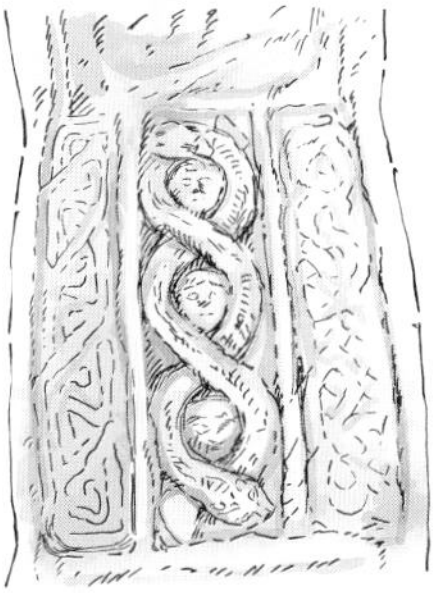

人頭跟蛇彼此交纏。

裝飾手抄本中也曾出現的漩渦圖案。

何謂凱爾特十字（Celtic Cross）

以拉丁十字架（縱軸較長，在中央偏上方與橫軸交叉）結合圓環而成的形狀。

在凱爾特語族圈都能看到，以十字與圓相連的石製十字架。這種形狀的十字架也稱為凱爾特十字，多是在八至十二世紀之間打造而成，在英格蘭盎格魯・撒克遜人或是維京人的地區也可以見到。這些十字架是由具備財力的修道院所建造，象徵著修道院的權力和守護力量，最大的一座高達六・五公尺（愛爾蘭勞斯郡，莫那斯特博伊斯修道院〔Mainistir bhuithe〕）。凱爾特十字架的裝飾通常是聖經故事，亦可見到獅子或獅鷲、半人馬等幻想生物，以及抽象圖案的組合等。從十九世紀後期開始，隨著民族主義高漲，人們開始參考中世紀的做法來建造凱爾特式高十字架，主要用於墓碑上，也會做成戰爭紀念碑。

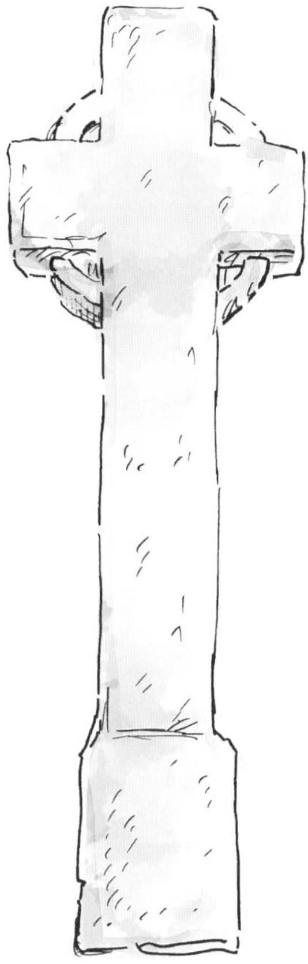

愛爾蘭，阿亨尼（Ahenny）

建造於八～九世紀，最初期的環形高十字架之一。材質是砂岩，刻有極其精巧細膩的扭結花紋或漩渦圖案。雖然受到風吹雨淋，但保存狀態依然良好，是相當珍貴的一座。

愛爾蘭，格蘭達洛（Glendalough）

在愛爾蘭最古老的教堂遺跡群格蘭達洛，留存於聖凱文教堂內的高十字架。設計很樸素，圓形無開孔。建造於六～七世紀。

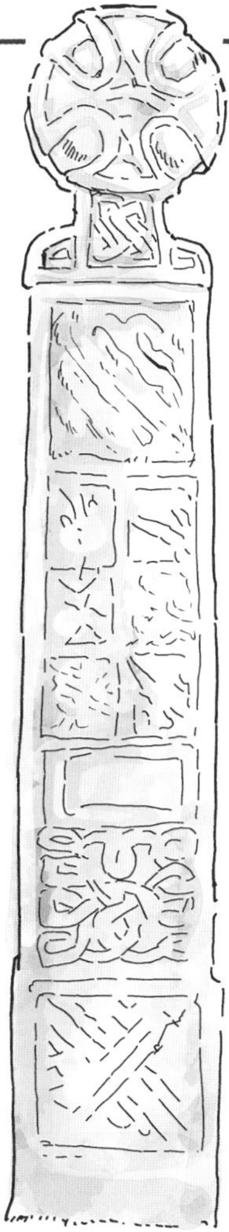

威爾斯，內馮（Nevern）

此十字架建造於威爾斯西部彭布羅克郡的小村莊內，位於內馮教會的一隅。這是威爾斯保存狀態最佳的高十字架之一，是頂端呈圓形的代表性文物。

曼島，羅南（Lonan）

這一座十字架存放於聖亞當南教堂（St. Adamnan's church）內，應是五世紀左右之作。雖然已向旁傾斜，但扭結花紋等仍然清晰可見，是保存狀態良好的珍貴文物。背面並未施加裝飾。

維京與凱爾特

維京人在數百年間持續襲擊不列顛群島
雙方在文化上產生了相互的影響

原本在愛奧那修道院製作到一半的裝飾手抄本，因受到維京人襲擊，而移至凱爾斯（今都柏林近郊）製作，最後完成的便是《凱爾經》。

七九三年，北方民族維京人襲擊了位於不列顛島東北方林迪斯法恩島的修道院。這是北方民族來襲的最早紀錄。其後從九～十世紀，除了不列顛群島之外，維京人也不斷侵略法國。十世紀時，諾曼人也就是北方民族獲得了領地，直到今日皆稱諾曼第（十一世紀時該處掀起了「諾曼第征服英格蘭」的行動，並樹立了新的英國王朝）。

至於維京人跟凱爾特人的關係，從十一世紀末到十三世紀中葉為止，以曼島為中心，曾有過由北方民族所統治的「曼島及群島王國」。此王國除了曼島，還包括現今蘇格蘭的島嶼部分，也就是現今蘇格蘭的雪特蘭群島、奧克尼群島、赫布里底群島。這個時代的統治者雖然是北方民族，在文化上似乎仍是凱爾特體系的文化位居上風；具支配性地位的語言同樣是蓋爾語，而非日耳曼體系的斯堪地那維亞語。

一般總是介紹維京人會戴帶角頭盔。但事實上，在北方民族相關地帶似乎沒有出土這種頭盔的案例，反倒是有部分的凱爾特人曾經配戴過。

維京美術與凱爾特美術

在挪威南部，建於十二世紀的世界遺產烏爾內斯木板教堂，是運用維京造船技術打造而成。其入口處和北側牆面的裝飾板聲名遠播，主題意象是北歐神話中的邪龍「尼德霍格（Níðhǫggr）」與長春藤。這跟在英格蘭東部薩頓胡所出土，盎格魯·撒克遜船棺葬內的飾扣等陪葬品，以及稱得上是中世紀凱爾特、日耳曼代表作的《林迪斯法恩福音書》等物件都有著相似之處。推測維京美術是以日耳曼、凱爾特這兩者為基礎所發展而成。

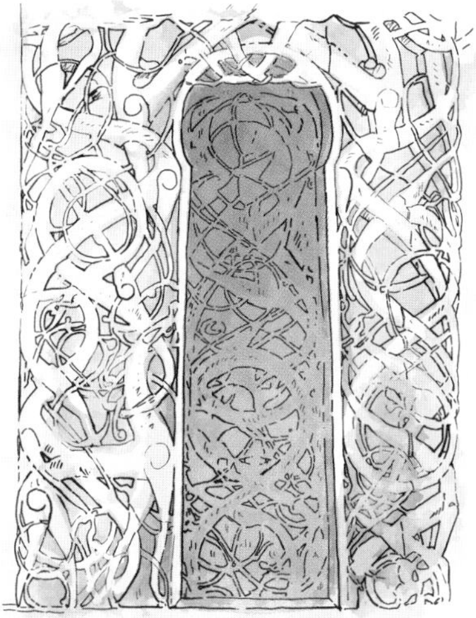

挪威的木板教堂在外牆施加了細膩的裝飾。包括彼此交纏的曲線和動物意象等，跟凱爾特有著不少共通元素。

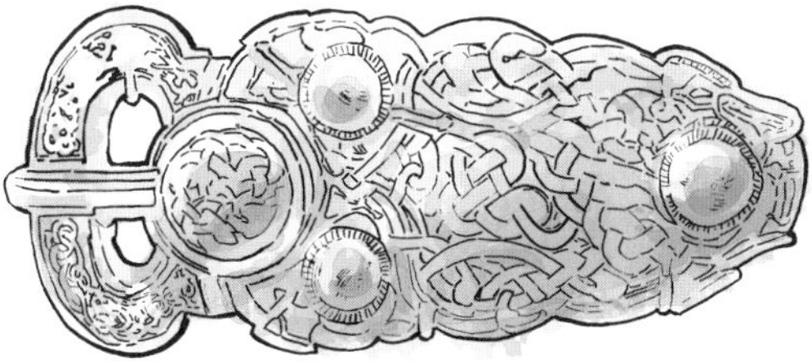

一九三九年自英國薩頓胡遺跡船棺葬中出土的黃金皮帶扣。精巧的扭結花紋，要說是正牌的凱爾特花紋也不為過。

CHAPTER 8

亞瑟王傳說

亞瑟王傳說

凱爾特民間故事的理想君主形象傳播至整個歐洲

亞瑟王傳說在中世紀鼎盛期（十二世紀左右）廣傳至西歐全境，故事發生在五世紀後期至六世紀初的不列顛島。講述原住民面對盎格魯．撒克遜人的入侵，必須防禦並統一國家。其主要舞台在不列顛島西南方，也就是今日的威爾斯和康瓦爾，以及康瓦爾對岸的布列塔尼。換句話說，這是屬於不列顛島的凱爾特語族，也就是所謂凱爾特文化圈的故事。

在亞瑟王傳說的起源方面，在六～七世紀的卡姆利（威爾斯）語詩歌中，便已提及亞瑟王的戰績。亞瑟拔出了插在石頭中的魔法劍「王者之劍（Excalibur）」，因而注定成為國王；另外包括亞瑟、馬車騎士蘭斯洛特、王妃關妮薇之間的三角關係等逸聞，從相對的早期就已編進故事之中。到了十二世紀，這些內容被定義為亞瑟王故事，廣泛傳播至了義大利或德國等西歐全境。異世界的樂土「安溫（Annwn）」、不老國度「阿瓦隆」，此外包括擅於指點迷津的魔法師梅林、身為亞瑟王同母異父的姐姐並懂得施展妖術的摩根等，具有十分豐富的幻想元

「只有真正的國王才能拔出。」亞瑟從岩石中拔出王者之劍，是著名的逸聞。

素。其後更有圓桌武士、崔斯坦與伊索德、聖杯傳奇等相關故事逐漸茁壯，終於成就了中世紀西歐最大的傳奇國王以及國王傳說。

亞瑟王傳說的基本內容

❶ 亞瑟誕生

不列顛國王烏瑟王借助梅林的魔法，趁著敵方領袖康瓦爾公爵格洛斯外出之際，化身成格洛斯的模樣，與其王妃伊格蓮共度春宵，王妃其後在廷塔哲城堡生下了亞瑟。此時說巧不巧，正牌的格洛斯在戰爭中陣亡，烏瑟於是跟伊格蓮結為連理，亞瑟也因而沒有成為私生子。

摩根

伊格蓮與格洛斯的女兒摩根勒菲（女巫摩根）。摩根之姐的兒子，正是後來背叛了亞瑟的莫德雷德。摩根成為了梅林的徒弟，最終卻與梅林對戰，被永遠封印在石頭之中。

❷ 即位成王

梅林帶走亞瑟，交給在倫敦擁有領土的艾克特爵士（Sir Ector）撫養。其子凱（Kay）畢生都為亞瑟效力。在倫敦的劍術比賽中，亞瑟拔出了插在石頭裡的石中劍，真實身分因而漸漸明朗，也就是終將成為國王。他所拔出的劍應是名劍「王者之劍」。但也有另外的版本稱亞瑟是在梅林的引導下，從「湖中女神」手中獲賜此劍。凱後來成為了第一位的圓桌武士。

❸ 亞瑟成婚、圓桌武士組成

亞瑟即位成王後，跟過去效忠烏瑟的李奧多格蘭王之女關妮薇（卡姆利語Gwenhwyfar，意為「白色妖精」）成婚。他集結關係緊密的部下組成圓桌武士，但王妃關妮薇卻與其中一位騎士蘭斯洛特墜入愛河。

❹ 王妃與蘭斯洛特暗通款曲

傳說蘭斯洛特是由「湖中女神」撫養成人，因此亦被稱為「湖之騎士」，他也是公認最厲害的一位圓桌武士。當亞瑟得知蘭斯洛特和關妮薇的禁忌之情後，下令對關妮薇處以火刑。但蘭斯洛特將她救下，兩人一同逃跑，亞瑟因而出兵征討蘭斯洛特。

❺ 眾騎士分裂與聖杯傳說

圓桌武士分裂成了蘭斯洛特派與亞瑟王派，戰事遲遲未歇。期間發生了各式各樣的事件，騎士們隨後踏上了尋求聖杯的旅程（參照第122～123頁）。

❻ 最後的戰役

正當兩派圓桌武士在法國對峙之際，代為看管王國的莫德雷德起而謀反，得知此事的亞瑟出戰莫德雷德，但自己也身負重傷。這便是亞瑟王的最後一戰「卡姆蘭戰役」。貝德維爾（跟凱、高文齊名，屬於最古老的圓桌武士）奉亞瑟之命，將亞瑟的王者之劍歸還給「湖中女神」，並將亞瑟帶至了阿瓦隆。

身負致命傷的亞瑟，被載運至傳說中的島嶼阿瓦隆島。

湖中女神

擁有妮妙（Nimue）、妮妮安（Ninianne）、薇薇安（Viviane）等名號。她也養育了圓桌武士蘭斯洛特長大成人。亦有一說當亞瑟在最後的戰役中負傷，其後便是「湖中女神」將他帶領至了「阿瓦隆」。

亞瑟王是否真有其人

曾存在數名亞瑟王的原型人物

六世紀，傾力對抗撒克遜人入侵的布立吞國王奧理安努斯，推測可能是亞瑟王的原型之一。「巴頓山戰役」的位置，以現今的巴斯（Bath）一說最為有力。

一九九八年在凱爾諾（康瓦爾）北部村莊，在傳說中亞瑟王自十二世紀以來的據點廷塔哲城堡內，發現了約是四～七世紀，羅馬帝國崩毀後沒多久的石板，上頭記載著一個人名「ARTOGNOV」。媒體開始熱烈討論這個話題，這會不會就是亞瑟王呢？這是因為「ARTOGNOV」在布立吞語中可以解釋成「熊、智慧」，或「勇者」、「國王」，感覺起來就該是亞瑟沒錯。

六世紀時，吉爾達斯（Gildas）在其作《不列顛的毀滅》（*De Excidio et Conquestu Britanniae*）中講述到，不列顛尼亞指揮官奧理安努斯（Ambrosius Aurelianus）集結了布立吞人，在巴頓山之戰中打贏了撒克遜人。同樣在六世紀，卡姆利的詩歌中亦有一位名為亞瑟（卡姆利語為阿爾希爾）的勇士登場，這人就是在巴頓山戰鬥的布立吞人領袖。因此便有說法認為，奧理安努斯或許就是亞瑟王也不一定。

不論實情為何，亞瑟王傳說在九世紀時既已成立，並於十二世紀時在整個西歐傳開。十二世紀末，

亞瑟王曾真實存在的證據出土？

一九九八年在廷塔哲發現了刻著「ARTOGNOV」字樣的石板。文物出土時，《衛報》等媒體甚至曾以全版頭條報導，一時蔚為話題。

《不列顛諸王史》使亞瑟王傳說廣為流傳

十二世紀時，蒙茅斯的聖職者傑弗里參考了《不列顛的毀滅》等文獻，寫下了《不列顛諸王史》一書。其內容摻雜著虛構故事，並無史實性質，卻獲得了驚人的迴響，使得亞瑟王傳說名揚天下。這成為了不列顛島布立吞人及瓦利亞（Walia，威爾斯）的復興故事，觸動了盼望英雄的群眾之心。

在格拉斯頓伯里修道院的墓地中「發現」了亞瑟王的墓（該墓至今仍然存在）；在卡姆利和布雷茲（布列塔尼），領主和貴族的族譜中出現亞瑟王，也漸漸成了一件稀鬆平常的事。此外，包括《崔斯坦與伊索德》、「魔法師梅林」等相關故事也越變越多。尤其是有著多處亞瑟王相關「史蹟」的凱爾諾（康瓦爾）和布雷茲（布列塔尼），至今仍根深柢固地保留著亞瑟王傳說。而從亞瑟王的主題電影《亞瑟王》（二〇〇四）、《亞瑟：王者之劍》（二〇一七）紛紛推出，也足見亞瑟王的人氣之高。

　雖說如此，並沒有歷史學家認真主張亞瑟王在歷史中曾實際存在。

亞瑟王與聖杯

在中世紀亞瑟王相關傳說的影響下，「聖杯」變得廣為人知，亦成為了電影《聖戰奇兵》、《聖杯傳奇》等作品的元素。聖杯是從十二世紀末開始才於故事中登場，在九世紀前後漸漸成形的亞瑟王故事之中，已經屬於相對後期，因此向來將該故事視為受到基督教同化的象徵。在聖杯故事《亞利馬太人約瑟》（伯隆，Robert de Boron，約一二〇〇年）作品中，說明了聖杯是基督在最後的晚餐中所使用的杯具。據說基督的門徒亞利馬太人約瑟用此聖杯，收集了基督被釘上十字架後所流的血，其後將之帶到了不列顛的阿瓦隆。阿瓦隆是眾妖精所住之島，亞瑟在最後一戰卡姆蘭戰役中負傷後，便是被送往該處尋求治療。亞瑟王的不死傳說始於此處，其後則被拿來與基督的重生做連結。

在凱爾特起源故事中也曾談論聖杯（酒杯）

十二位圓桌武士環坐於圓桌旁，推測這成了耶穌十二門徒的原型。廣為人知的騎士包括蘭斯洛特、高文、崔斯坦、加拉哈德、莫德雷德等人。

推測聖杯的原型是「重生大鍋」

將死去的士兵扔入這個魔法大鍋中，隔天就能重獲新生。在卡姆利（威爾斯）中世紀的故事《馬比諾吉昂的四個分支》裡就曾出現「重生大鍋（Pair Dadeni）」。在凱爾特受基督教同化前就有的這類「重生」的器具，可能跟聖杯傳說的成形有關。

電影裡的「聖杯」

《聖戰奇兵》（一九八九年）：史恩·康納萊在電影中飾演印第安納·瓊斯的父親，他被設定成一名聖杯研究者，並遭到同樣追尋著聖杯的納粹給綁架。

《聖杯傳奇》（一九七五年）：以亞瑟王傳說為主題的喜劇電影。喜劇團體「蒙提·派森」的一員泰瑞·瓊斯也是一名研究中世紀的學者，他還著有《中世紀英國人的工作與生活》（暫譯。日語版譯者高尾菜つこ，二〇一七年，原書房）等作。

梅林傳說——「魔法師」的起源

梅林身為亞瑟王傳說中亞瑟的輔佐之人以及魔法師而聞名，在卡姆利語中稱為「Myrddin」。推測其原型應是在六世紀的傳說戰役中登場的「米爾丁」（布立吞語為Myrddin Wyllt，野人米爾丁）。米爾丁是居住在卡姆利北方坎布里亞森林裡的先知，他在自身所輔佐的領主戰敗後，喪失了正常心智。先知與失心瘋的差別，其實僅在一線之間。

在阿爾巴（蘇格蘭），六世紀後期的喀里多尼亞，有一位住在森林裡的先知萊洛肯，同樣也是因領主戰敗而發瘋。在某一版本的故事裡，萊洛肯也被稱為「Merlynum（梅林）」，因此有看法認為他和米爾丁可能是同一人物。

事實上在艾爾（愛爾蘭），同樣也有「瘋子希布涅（Suibhne）」的傳說，講述住在荒野的野人先知因戰敗而發瘋。這雖然是十一～十二世紀的故事，但仍可追溯至米爾丁。

原型是傳聞中「住在森林的野人」

在中世紀威爾斯傳說中登場的隱士「米爾丁」原是一位先知，但後來陷入瘋狂，跑到森林裡跟動物們一起生活。

梅林傳說有別於亞瑟王的悠久歷史

中世紀不列顛島上的
「野人」故事源流

地點	名稱	時代
威爾斯（布立吞語圈）	米爾丁	六世紀
蘇格蘭（蓋爾語圈）	萊洛肯	六世紀後葉
愛爾蘭（蓋爾語圈）	瘋子希布涅（Sweeney）	十一～十二世紀

每則故事都有共通的背景，具備基督教出現前，民間信仰中的「森林之神」性質。梅林傳說誕生於蘇格蘭和愛爾蘭的蓋爾語圈，以及威爾斯的布立吞語圈之間的交界地帶，可以說是在這兩塊地方發展起來的傳說。

亞瑟王傳說中的梅林

效忠亞瑟的魔法師梅林在故事中發揮了重要功用，但梅林這個角色，其實是在比較後來的時代才被加進故事裡頭。近代的德魯伊形象，不妨說就是以梅林為本，但這跟古代凱爾特的正統德魯伊幾乎沒有關聯。

崔斯坦與伊索德

原是不相關的口傳故事
後被亞瑟王傳說所吸收

在從愛爾蘭航向康瓦爾的船上，崔斯坦與伊索德因誤喝愛情靈藥而墜入愛河。

亞瑟王、關妮薇和蘭斯洛特之間，也存在著相同的三角關係。

華格納的歌劇《崔斯坦與伊索德》在日本相當知名，其專有名詞也是取自德語，但它最初其實是以凱爾諾（康瓦爾）為背景的亞瑟王相關故事。凱爾諾國王馬克預計跟愛麗尤（愛爾蘭）的公主伊索德成婚，然而其姪圓桌武士崔斯坦卻在愛情靈藥的助力下與伊索德相戀，跟馬克國王陷入了三角關係。結局有各種版本，但都不是以幸福結局收尾。

在亞瑟王、其妻關妮薇（英語為Guinevere）及其中一位圓桌武士蘭斯洛特之間，也存在著類似的關係，只是故事中並未出現愛情靈藥。不過，蘭斯洛特有著被湖中女神養大的「異世界經驗」，亞瑟王同樣也「大有來頭」，是因為爸爸藉由魔法裝扮成敵方國王，與其王妃交合後才誕生於世。

在愛麗尤（愛爾蘭）也有著相同的故事，也就是《追捕迪爾穆德與格蘭妮》。至高王（塔拉王，統治全愛麗尤的王）康馬克之女格蘭妮即將跟英雄芬恩成婚，然而卻與其臣子迪爾穆德墜入了愛河。在此故事中也有愛情靈藥等登場，三角關係實在是理不清。

亞瑟王的圓桌

傳聞在亞瑟王所居住的卡美洛城堡，曾有過騎士們的圓桌。據說圓桌的意涵，就是「沒有先後順序」。推測圓桌仿效基督與其十二門徒，共有十三個座位，而第十三個座位也參考基督故事中猶大的意涵，是個空著的「危險座位」。傳說蘭斯洛特之子加拉哈德在成功尋得聖杯後，便坐上了這個座位。不過也有說法認為，座位的數量應當更多。

位於英格蘭溫徹斯特城堡內的圓桌。推測是十二世紀的作品。

愛爾蘭版「羅密歐與茱麗葉」

凱爾特神話《芬恩故事群》中所講述，費奧納騎士團的騎士迪爾穆德（亦寫為Diarmid）和格蘭妮的愛情故事，也跟崔斯坦與伊索德的故事具有相同結構。有個位在斯萊戈的洞窟，據說兩人在逃跑時曾經藏身其中。

亞瑟王傳說觀光地興起

自中世紀起，各地的傳說色彩持續增加
在十九世紀時演變為觀光名勝

傳聞中亞瑟王的誕生地，廷塔哲城堡的廢墟。它實際上是建於十三世紀，一八五〇年時為了吸引觀光客，才取了這個名字。

懸崖上頭立有英格蘭遺產委員會在二〇一六年時設置的亞瑟王銅像。

從十二世紀開始就有證據指出（但大多歷史學家都認為是偽造的），亞瑟王的埋葬地點位於格拉斯頓伯里修道院（英格蘭西南部）。同樣在十二世紀時，亦有主張認為廷塔哲城堡（康瓦爾北部）是亞瑟王的誕生地。這兩個傳聞地點都在十九世紀後期成為了觀光地。

不過，亞瑟王相關傳說最負盛名的地點，當屬布列塔尼核心地帶雷恩附近的潘蓬森林（從中世紀時就已經是跟亞瑟王相關的著名神祕地點「布勞賽良德森林」）。此處遍布著許多與故事相關的地點，諸如亞瑟王輔佐者梅林的墓地（梅林跟「湖中女神」魔女薇薇安鬥法到最後，他被關進了石頭裡）、梅林和薇薇安相遇的「帕蘭頓之泉」（因乾旱時用來祈雨而聞名）、跟亞瑟敵對的同父異母之姐女巫摩根勒菲（女巫摩根）所活躍的「不返谷」（法文為Val sans retour，曾讓追尋聖杯的騎士們大傷腦筋）等。這每一個地點都在十九世紀時獲得確認，至今仍是可體驗亞瑟王傳說風情的觀光地。

亞瑟王傳說亦被為政者用於樹立權威

格拉斯頓伯里修道院內有著亞瑟王和關妮薇王后的墓，但這其實是虛構之事。亨利二世參與發掘亞瑟王墓地一事，是為了籌措費用以重建被祝融燒毀的修道院，並且強調自身與亞瑟王血脈相連。

布列塔尼，布勞賽良德森林內的「不返谷（Val sans retour）」

傳聞蘭斯洛特殺死看守著不返谷的龍之後，救出了被關押的眾騎士。

CHAPTER

9

凱爾特復興

近代對凱爾特的新認識

羅馬時代過去後，凱爾特已經完全受到遺忘，八世紀的歷史學家兼聖職者比德所著的《英格蘭教會史》中，也只談論到了蓋爾人、斯科特人、皮克特人和布立吞人。時至文藝復興的時代，凱撒的《高盧戰記》、塔西佗的《日耳曼尼亞志》等書喚醒人們對凱爾特的新認識，凱爾特因而受到討論，被視為歐洲的起源。

進入十八世紀，在布列塔尼（布雷茲）或威爾斯（卡姆利）出現了「凱爾特語是歐洲的古老語言」主張；到了十八世紀後半葉，人們開始盛傳這是歐洲最古老的語言。甚至還有說法認為，這是人類史上最古老的語言。時至十九世紀，他們便被稱為「凱爾特迷」，也就是對凱爾特狂熱的一群人。英國的一位凱爾特愛好者威廉・斯圖凱

十八世紀，早已被人忘卻的「凱爾特」重新回到聚光燈下

英格蘭西南部的埃夫伯里巨石陣。此處有著歐洲最大的環狀列石，跟巨石陣（Stonehenge）齊名，皆已成為世界遺產。

利（一六八七～一七六五），就直指埃夫伯里等英國巨石陣是「凱爾特的神殿」。凱爾特考古學自此揭開了序幕。

法國的「凱爾特學院」

處於拿破崙帝政期間的一八〇五年，凱爾特學院在法國誕生了。具有凱爾特淵源的高盧，開始被視為法國的起源。於此之中，維爾瑪凱（Theodore Hersart de La Villemarque）在布雷茲（布列塔尼）出版了《布列塔尼民謠》（Barzaz Breiz，一八三九年），這無疑促成了凱爾特的復興，帶起布雷茲的民族主義。

※《布列塔尼民謠》：以布列塔尼地區民間傳承的詩歌編纂而成，包含著魔法師梅林、亞瑟王傳說等題材。亦有日語版。（《バルザス＝ブレイス ブルターニュ古謡集》T·H·de La Villemarque編，山内淳等譯，彩流社，二〇一八）

「凱爾特迷」的出現

十八世紀時，有一批人開始將凱爾特視為歐洲的起源，並大肆頌揚。他們主張巨石陣跟德魯伊有所關聯，並且凱爾特語是人類最古老的語言。凱爾特迷的代表性人物，是布列塔尼的保羅·佩茲隆（一六三九～一七〇三）。此外，威爾斯的愛德華·洛伊德在牛津的艾許莫林博物館工作，他同時也是一位廣為人知的植物學家。此人替凱爾特語言學打穩基礎，獲得了高度評價。

愛德華·洛伊德
（一六六〇～一七〇九）

浪漫主義與凱爾特復興

向凱爾特尋求歐洲源流的「凱爾特黎明」

奧西安口傳故事

古代凱爾特神話裡英雄芬恩的盲眼兒子奧西安，一邊彈奏豎琴，一邊以詩歌唱出了芬恩與戰士們的故事。麥克弗森將其蓋爾語的內容翻譯後出版，但因其真實性而引發了一番爭論。

在十八世紀，「凱爾特」的相關論戰四起，復興古代德魯伊的運動便在這樣的時空背景下展開。這項「復活」德魯伊的行動稱為「新德魯伊信仰」，與此同時，還正在進行著「浪漫主義」運動，關注農民的民間傳說和民謠。這一切動向皆源自於十八世紀中葉，阿爾巴（蘇格蘭）的詹姆斯・麥克佛森（蓋爾語為Seumas Mac a' Phearsain）發掘「奧西安」的口傳詩歌（可追溯至三世紀的英雄傳說）。所謂浪漫主義，便是認為唯有透過農民口頭傳承的民謠或民間故事，才得以看見真實的人性，其概念藉由華特・史考特爵士及歌德之手傳遍全歐洲。

在蘇格蘭，由約翰・法蘭西斯・坎貝爾所著的《西高地民間故事集》（Popular Tales of the West Highlands，全四冊，一八六〇～一八六二年），便勾勒出了流傳在民間的故事之深厚底蘊，為其後民間故事的研究打下基礎；在愛爾蘭，威廉・巴特勒・葉慈於十九世紀末撰寫《愛爾蘭鄉村神話與民間故事集》（一八八八年），為「愛爾蘭文藝復興」（亦稱「凱爾特復興」或「凱爾特黎明」）發揮了核心作用。

新德魯伊信仰與共濟會（Freemasonry）

Mason是石匠，Freemason便是「自由的石匠」，不過共濟會的意涵是「自由人」，跟石匠完全無關。至於是要從什麼事物獲得自由，答案就是基督教。
共濟會誕生於十八世紀前期的英國，當時英國國教會或非英國國教會的各派新教宗教團體正在互別苗頭。而不被這類宗教紛爭所迷惑的「自由人」便組成了共濟會，這也在高學歷的工商業者或貴族間傳播開來。將古代凱爾特德魯伊視為智者的看法，跟這類共濟會的想法有著共通之處，實際上團體的組成成員也有所重疊。
雖然眾說紛紜，近代最初的共濟會是於一七一七年六月在英格蘭成立；同年九月，不少成員也投身創立了「德魯伊團體」。這兩者都是超越宗教爭論的自由知識人之集會處。

一七一七年，在倫敦成立的共濟會總會所（Grand lodge）。這棟稱得上是總部的建築物，目前已是觀光客絡繹不絕的知名景點。

石匠的工具圓規和角尺，是共濟會的標誌。

塔拉胸針

象徵著凱爾特復興愛爾蘭的國寶

胸針直徑八．七公分，針長三十二公分。在當時胸針是用來固定外套，無論男性或女性都會使用。

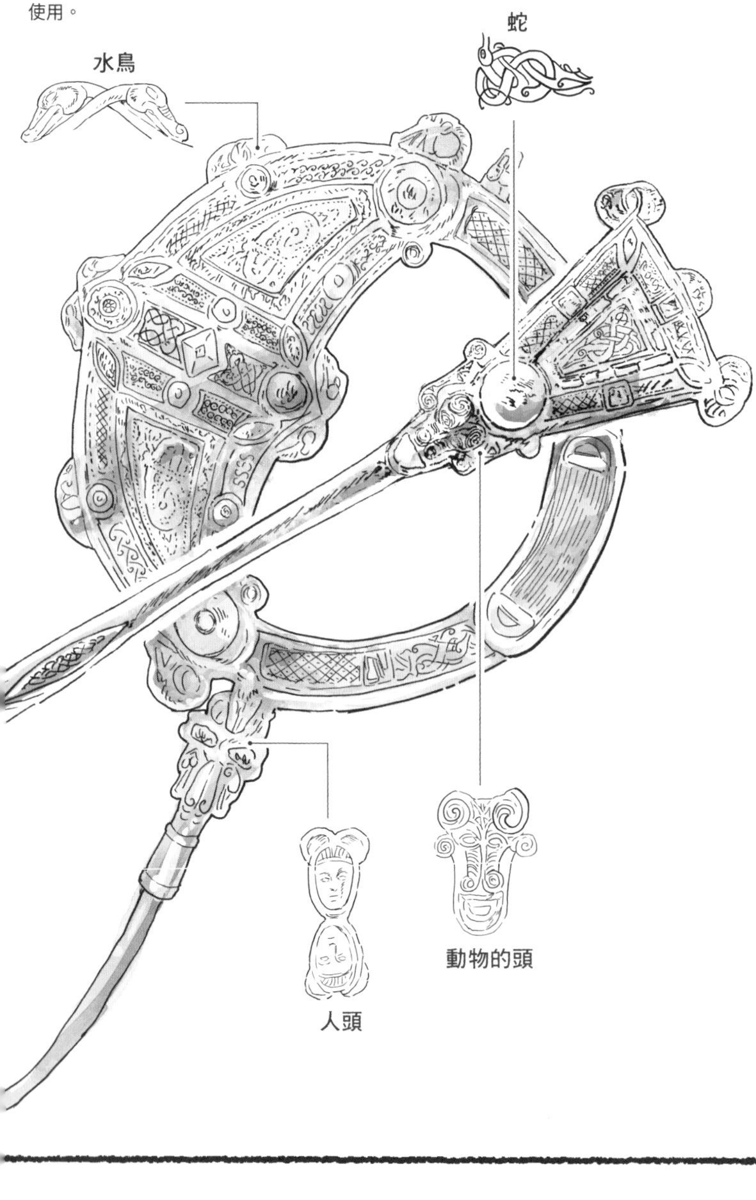

八世紀初期的銀製鍍金胸針，是外觀呈近環形（Penannular，指環狀但有以裝飾為目的之缺口）的胸針。一八五〇年在艾爾（愛爾蘭）中部的東側海岸發現，由當時的寶石商沃特豪斯（Waterhouse）取名為「塔拉胸針」。整體有著精巧的動物扭結花紋、漩渦三曲腿，還有鎔鑄玻璃、琥珀人頭跟水鳥頭部。它在一八五一年的倫敦工業博覽會與一八五五年的巴黎世界博覽會都有展出，維多利亞女王於倫敦現場買下了其仿製品。當時正是艾爾（愛爾蘭）民族主義水漲船高的時代，古代蓋爾的酒杯、觥杯、手環跟胸針都取得了複製販售的專利。布拉克利亞（都柏林）的金工工會長艾德蒙德·強森就在一八九三年的芝加哥世界博覽會展出了包括阿德聖杯（Ardagh chalice）等，由他所製作的一八二件凱爾特複製品。

在倫敦世界博覽會吸引全球矚目

塔拉胸針於一八五一年的倫敦世界博覽會展出，刺激了凱爾特復甦的潮流。

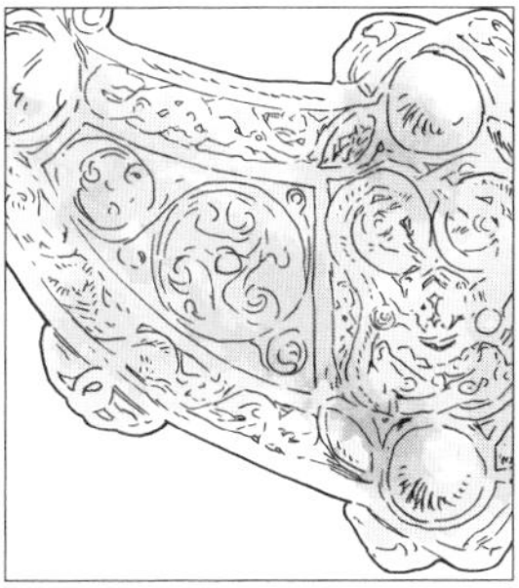

胸針背面也施加了精緻的裝飾。推測這是相當富裕、地位崇高者的裝飾品。

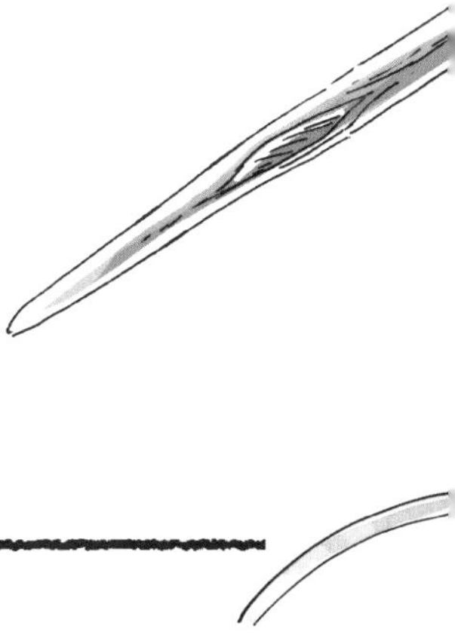

跟「塔拉山丘」並無關聯

此胸針並不是在塔拉山丘出土，而是適逢凱爾特復興運動如火如荼時，基於市場考量才取名為塔拉胸針。

利柏提百貨與阿奇博・諾克斯

結合凱爾特美術的復興跟商業目的之知名案例，便是來自曼寧（Mannin，曼島語的曼島）的設計師阿奇博・諾克斯。他是一名設計師，負責設計利柏提百貨在一八九五～一九〇六年間販售的白鑞（Pewter，鉛錫合金）製品品牌「都德利克（Tudric）」，以及貴金屬品牌「卡姆利克（Cymric）」。利柏提最初並未公開背後的設計師，人們是在後來才得知此事。諾克斯在曼寧也曾研究凱爾特的石碑等文物，可以清楚看出凱爾特出身的影子。威廉・莫里斯的「美術工藝運動」當然也對他帶來了影響，卡姆利克這個名稱，同樣是取自卡姆利（威爾斯）。

一八七五年，亞瑟・利柏提（Arthur Lasenby Liberty）創建了利柏提百貨公司，經銷日本或東洋的傳統工藝品等商品，到了一八九〇年代後期，則展開了全新的經營路線，其背景便是跟法國新藝術運動發生於同一時代的凱爾特復興運動。阿爾巴（蘇格蘭）

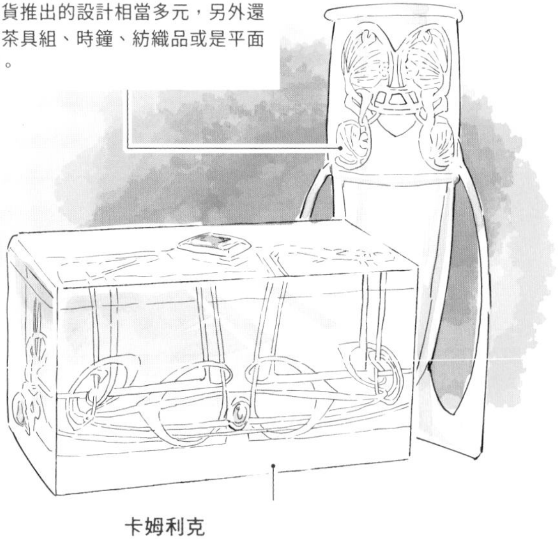

都德利克

白鑞（Pewter）系列製品。諾克斯在利柏提百貨推出的設計相當多元，另外還包括了茶具組、時鐘、紡織品或是平面設計等。

卡姆利克

以凱爾特扭結裝飾設計而成的菸盒。「卡姆利克」是珠寶和銀製品的系列。

的查爾斯・雷尼・麥金塔亦是該時代的人物，從其作品也可看出受到了家鄉的凱爾特文化、畫家約翰・鄧肯等凱爾特復興運動的影響。

撐起利柏提百貨的繁富華麗設計
來自曼島的多位藝術家

阿奇博・諾克斯
（一八六四～一九三三）
諾克斯位於曼島的墓地，施加了如其作品般的裝飾。

查爾斯・雷尼・麥金塔
來自蘇格蘭的建築師兼設計師查爾斯‧雷尼‧麥金塔，設計了格拉斯哥藝術學院。他也刻意將凱爾特的傳統元素加進設計之中。薔薇是他相當愛用的一種意象，甚至還有薔薇是以他為名。

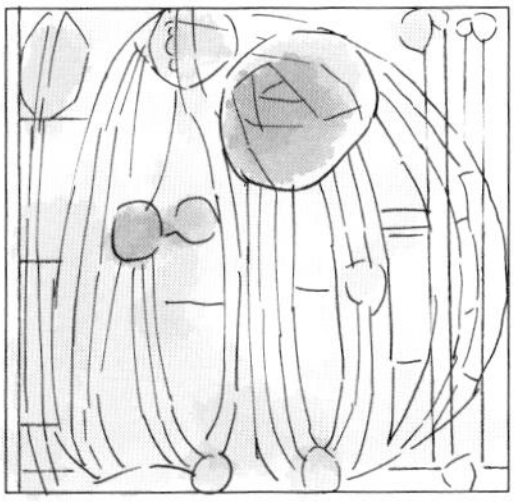

至今仍在倫敦營業的老牌百貨公司利柏提。其都鐸樣式建築，名列英國二級保護建築。稱為「利柏提印花（Liberty print）」的原創印花布相當有名。

凱爾特音樂

傳承中世紀宮廷文化
坐擁悠久歷史

只舞動腳部的傳統愛爾蘭舞蹈。以愛爾蘭舞蹈為本的「大河之舞」，是在一九九四年的歐洲歌唱大賽（Eurovision）中初次問世。

愛爾蘭的大河之舞是自傳統舞蹈發展而來，其起源是在十六世紀左右傳入的歐陸宮廷貴族舞蹈，並不是那麼古老。到了二十世紀，一般所說的競技舞蹈訂定出了標準規範，在廣傳後發展成了現今的型態。舞蹈在蘇格蘭和布列塔尼的發展過程都很相似，稱不上是年代太過久遠的東西。

雖說如此，中世紀的愛爾蘭、蘇格蘭有著共通的宮廷文化，自古代就已存在的吟遊詩人應該曾經活躍於其中。他們在宮廷裡以通用的蓋爾語韻文吟唱詩歌，樂器方面則使用豎琴。到了十六世紀，風笛在蘇格蘭成為主流（風笛的起源也並不久遠，約在十四世紀）。時至十八世紀，這項傳統也衰微了。但是到了十九世紀初的愛爾蘭，以及十九世紀末的蘇格蘭，「凱爾特豎琴」復甦於世，愛爾蘭更將豎琴用在了國徽之中。

吟遊詩人所彈奏的曲調

在中世紀蘇格蘭宮廷演奏豎琴的吟遊詩人（Bard）。凱爾特音樂自古就跟吟遊詩人的傳統有著深切連結。

愛爾蘭國徽或商用船隻的旗幟上，畫著帶翅少女的豎琴。

豎琴亦是愛爾蘭的象徵

藏於都柏林大學三一學院，世上最古老的愛爾蘭豎琴之一。一九二二年所復原的愛爾蘭國徽上的豎琴，就是以它為原型。

凱爾特文化圈和風笛

風笛在蘇格蘭漸漸成為主流，至今已是代表性的民族樂器。在凱爾特人曾經居住過的地區，四處都能見到名稱相異的同一種樂器。

現代凱爾特音樂

流行音樂也積極取用
在二十一世紀的現今仍持續發展

參與儀式者身穿猶如德魯伊僧侶一般的長袍。

在威爾斯舉辦的音樂和詩歌慶典「艾斯特福德」。以卡姆利語為第一語言，兼具民族祭典的意涵。

凱爾特各國的傳統音樂以民謠為主，這些音樂在十九世紀末掀起的「凱爾特復興」中大放異彩，直到現代仍活力不減（在愛爾蘭有著稱為「Ceili」的傳統音樂聚會型態；在威爾斯則是以合唱，尤其是男性合唱的傳統，在「艾斯特福德」慶典裡發光發熱）。一九六〇年代起，首領樂團（The Chieftains）和克蘭納德家族合唱團（Clannad）大放異彩，使得凱爾特傳統元素開始融入流行音樂。到了一九八〇年代，音樂家恩雅在全球廣受歡迎，一般大眾因而認識「凱爾特音樂」。

布列塔尼有一位音樂家亞倫・史蒂維（Alan Stivell），他演奏其父為了復甦古老傳統所製作的「凱爾特豎琴」，九歲時就在樂壇出道；其後從一九七〇年代起，他開始以「凱爾特搖滾」的形式，嘗試將凱爾特傳統音樂結合至現代音樂當中。

布列塔尼的傳統舞蹈，也在一九五〇年代的傳統舞蹈節「夜節」（布雷茲語為Fest noz，名列世界非物質文化遺產）中重新編排，上述的凱爾特搖滾被大量當成舞蹈伴奏，確立了獨自的音樂類別。一九九〇年代

將凱爾特音樂推向全球的藝術家們

恩雅

一九八七年為英國廣播公司（BBC）製作的紀錄片《THE CELTS》錄製原聲帶而出道。她神祕的凱爾特形象深植人心，是為凱爾特音風潮熱推波助瀾的其中一人。

首領樂團

愛爾蘭音樂團體，凱爾特音樂的第一把交椅。一九六二年組成，以傳統凱爾特音樂為基礎，跟各音樂類型的音樂家合作演出，將凱爾特音樂的魅力傳播給一般民眾。

亞倫・史蒂維

凱爾特音樂巨匠，將法國布列塔尼地區的傳統音樂，融合至搖滾、環境音樂之中，是廣為人知的豎琴名家。

現代凱爾特音樂所使用的代表性樂器

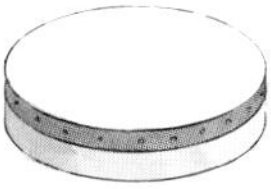

愛爾蘭鼓（Bodhrán）

以農具等生活用品打造出的打擊樂器。可空手或用鼓棒演奏。

小提琴（Fiddle）

等同於英文的「Violin」。在民族音樂中，經常會使用「Fiddle」的稱呼。

錫口笛（Tin whistle）

直笛般的小型豎笛。原本曾是用鍍錫鐵（錫）來製作。

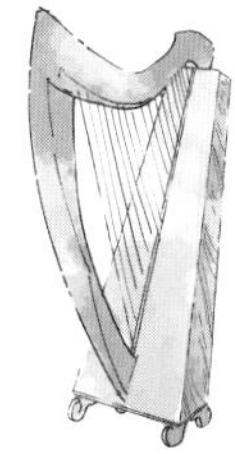

凱爾特豎琴

用於凱爾特音樂等處，略比豎琴小型。

開始，丹・阿爾・布拉茲（Dan Ar Braz）為主的音樂家團體推出數位音樂光碟《凱爾特人的遺產》後一炮而紅（據說相關CD售出了二五〇萬張）。到了二〇〇〇年代，巴黎最具代表性的足球場「法蘭西足球場（Stade de france）」舉辦音樂活動「凱爾特之夜（Nuit celtique）」，共有九萬名觀眾齊聚參與，佳評如潮。

凱爾特與民族主義

英國在二〇二〇年一月脫離歐盟，在持反對立場的蘇格蘭，反脫歐的核心團體「蘇格蘭民族黨」引發了關注；在威爾斯也有名為「威爾斯黨（Plaid cymru）」的政黨，目標為要讓威爾斯自治、獨立。

艾爾（愛爾蘭）經歷第一次世界大戰的武裝抗爭（復活節起義），在一九二二年走向獨立。其民族運動的歷史，自十九世紀前半葉便已展開。凱爾特體系的語言在愛爾蘭占有民族主義的核心地位，但在成功獨立後，該語言卻仍然屬於少數派，也就是並非一般常用語言。自獨立開始，愛爾蘭就在憲法上予以重視、列為國語和第一官方語言，但這樣的情形卻未有改善，足見英語強勁的威力。

在凱爾特語族圈的各處，都有著立

凱爾特語圈的各國
出現了國際性的推廣與合作

在布列塔尼地區的洛里昂，每年夏天都會舉辦「凱爾特音樂節（Interceltic Festival）」，吸引全球觀光客來訪。這個活動已經成為了全球性的凱爾特文化象徵。

基於語言的民族主義，然而邁向國家獨立的運動，僅有愛爾蘭獲得成功。這是因為所有凱爾特語言都屬於少數語言，只有為數不多具有自覺的知識分子扮演著倡議者，並以文化層面的活動為主要領域。

有個相當有趣的「泛凱爾特主義」，這是奠基於語言的民族主義連帶運動，在二十世紀初展開，直到第二次世界大戰後，仍以文化運動的形式持續推行。在斯拉夫語圈的「泛斯拉夫主義」、日耳曼語圈的「泛日耳曼主義」等，也都是同類型的運動。

威爾斯推動復興卡姆利語

自一九六〇年代開始，卡姆利語的復權運動開始盛行，現行使用者大約接近四分之一的人口。如今幾乎所有兒童、學生都會在某種形式下，接觸到卡姆利語。在西歐的少數語言中，卡姆利語經常被視為復興成功的案例。

優美的布列塔尼傳統服飾

稱為「La coiffe」，有著白色蕾絲的頭飾，是布列塔尼獨特的民族服飾。這是凱爾特體系布立吞人所發展出的文化，在各地區有著不同特色的型態。

凱爾特語文學、傳承的凱爾特形象

包括奇幻小說、電影等「凱爾特」在現代依舊人氣不墜

《魔戒》
J・R・R・托爾金在一九五〇年代發表的《魔戒》作品中，可以看到精靈、妖精、西方島嶼等凱爾特神話式的世界觀。不過托爾金自行發明的語言「辛達林（Sindarin）」其實是以盎格魯‧撒克遜語為本，而非凱爾特語言。

凱爾特語族圈存在著以各個相關語言所寫成的文學，但並沒有作品自認是凱爾特文學。用英語或法語寫成的這類地區文學也是相同的情形。

現代的凱爾特語族的代表性作家，包括阿爾巴蓋爾語的索林・麥克萊恩（Somhairle MacGill-Eain，一九一一～一九九六）、艾爾蓋爾語的狄亞穆德・歐・蘇里亞凡（Diarmaid Ó Súilleabháin，一九三二～一九八五，以蓋爾語描寫都會的生活）、布雷茲語的皮爾・賈克斯・艾里亞斯（Pêr-JakezHelias，一九一四～一九九五。一九七五年的作品《驕傲的馬》〔Le Cheval d'orgueil〕廣為人知）等人，他們因使用了凱爾特的語言來書寫，而被視為「凱爾特系」作家。

至於廣泛定義的凱爾特相關作品，凱爾特研究學家彼得・貝雷斯福德（Peter Berresford Ellis，一九四三～現在）以筆名「Peter Tremayne」所著的「修女費德瑪爾」系列懸疑小說，故事舞台為古代愛爾蘭。

動畫電影「凱爾特三部曲」

由愛爾蘭的「卡通沙龍」動畫工作室（Cartoon Saloon）出品，以愛爾蘭神話和歷史為題的幾部電影被視為「凱爾特三部曲」，在全球獲得了極高評價。第一部作品《布蘭登與凱爾經的祕密》（二〇〇九）的背景是凱爾特修道院，講述製作裝飾手抄本《凱爾經》的冒險奇譚；第二部作品《海洋幻想曲》（二〇一四）採用了口傳故事中的海豹妖精「海豹女」為題；最新作品《狼行者》（二〇二〇）則以凱爾特神話中的女王梅芙來為角色取名。卡通沙龍透過這三部作品，恣意展現出了所謂「凱爾特」式的意象。

《布蘭登與凱爾經的祕密》裡登場的貓「潘哥彭」，出自九世紀左右愛爾蘭修道士為寵物貓所寫的詩，詩中的貓便是這個名字。在《凱爾經》也出現了同名字的貓。

映照出古代愛爾蘭世界的懸疑小說

SUFFER LITTLE CHILDREN
PETER TREMAYNE

這本懸疑小說描寫在七世紀愛爾蘭的摩安王國（現芒斯特地區），擁有律師、法官資格的修女費德瑪爾當起了查案偵探。該作巧妙地勾勒出中世紀初期愛爾蘭的社會和法律制度，在英國是出版了三十多集的暢銷系列。日語版由東京創元社發行。

後記

在撰寫本書時，除了呈現最新的研究結果之外，我也希望幫助不熟悉凱爾特的讀者充分理解。以下將討論我在其中所下的工夫。

古代凱爾特

關於古代凱爾特，事實上就連日本都投以高度關注。由於過去既有的定論正發生大幅的變化，我決定從各種觀點切入，做重點式的論述。首先是在於物質文化跟精神文化的關係，也就是諸如青銅器、鐵器跟語言之間。學界向來都將這兩者互作連結，我則選擇分開探討，這是第一點。物質文化的傳播有時可以跨越語言藩籬，但語言卻是需要伴隨人的移動才能傳布。一直以來大家都認為，凱爾特人應是從歐陸的阿爾卑斯山麓往西行，並且渡海抵達不列顛群島（現今的英國、愛爾蘭）；但我反而覺得，凱爾特文化應是在大西洋沿岸地區海域傳播的海洋文化，後來也開始（朝東）進入了歐洲內陸。這樣一來便可推測，凱爾特人並不是隨著哈爾施塔特文化、拉坦諾文化等鐵器文化，進到了西方的高盧或不列顛群島，而是扮演著大西洋沿岸廣泛可見的巨石文化之旗手，從該處逐漸向東行進並帶來影響。有鑑於此，凱爾特文化的起源，便會跟從前我們認為沒什麼關聯的、西元前三〇〇〇年代的巨石文化彼此重合。

德魯伊

學界對於德魯伊，尤其是活人獻祭的看法，已經有了重大轉變。此事在我的著作《凱爾特・最初的歐洲：被羅馬與基督教覆蓋的文化水脈》（繁體中文版由八旗文化出版）裡頭也有討論，詳細內容還請參考該處。簡要說來，便是考古學上並無證據能證明德魯伊曾將活人用於獻祭。反倒是有幾項考古學證據指出，德魯伊跟希臘的畢達哥拉斯派有所關聯。因此其實可以說，近年學界傾向把歐陸型德魯伊（其證據年代幾乎僅限於西元前二世紀之前）跟不列顛島所記載的「女巫」型德魯伊（西元後一世紀開始）做出區別。

凱爾特語族

凱爾特語族的範圍定義，同樣正在大幅改變。其一是對皮克特人語言的看法。從前會認為皮克特語稱不上印歐語，應該視為原住民語；但到了九〇年代，它卻被半認同為凱爾特語；從二〇〇〇年代起則被納入了凱爾特語，而且還跟卡姆利語或布雷茲語同屬P凱爾特語。另外也開始有人主張，西元前曾在伊比利半島西南盡頭繁榮發展的塔爾提索斯王國，其語言或許也是凱爾特語。此見解在研究者間雖不占多數，但仍是值得探討的主張，因此在本書中也有提及此事。

另一方面，我們其實不太了解古代凱爾特的衣著和食物。這一塊僅能從同時代羅馬人的描述稍微得以窺見，在跟凱爾特人相關的概論、典籍之中，幾乎未做討論。這個部分，我參考了Xenon Media Films所製作的ＤＶＤ影片《L'Europe des Celtes》（2002-2003, 2 vols.）。

凱爾特美術、中世紀

至於凱爾特美術，學界向來常把中世紀修道院文化的裝飾手抄本視為古代拉坦諾文化的延續；但如今則開始會強調，這應是其與日耳曼體系等北方文化融合的結果。不僅手抄本，包括建築和裝飾品等，本書都採納了此種解讀。

中世紀的核心在於亞瑟王故事群，此外我也特別提出了其他口傳、傳說故事群跟蓋爾語系（Q凱爾特語）、布立吞語系（P凱爾特語）的關聯。諸如野人等內容，在日本或許是第一次有人介紹。

從中世紀到近代、現代，我並未談論太多凱爾特在政治上的動向，因為音樂、舞蹈、文學、電影等文化項目才是重點所在。而這方面的描寫，跟學界向來的看法沒有太大分歧。不過我還是盡量標出了凱爾特語族的專有名詞寫法。

最後我想列出撰寫本書時的主要參考書籍。最主要的參考資料，是大英博物館「凱爾特展」（二〇一五年）的圖鑑，Julia Farley; Fraser Hunter (eds.), *Celts. Art and Identity.* The British Museum, 2015.另外還使用了目前正在翻譯成日語的歷史文化典籍，John T. Koch; Antone Minard (eds.), *The Celts: History, Life, and Culture.* Abc Clio, 2 vols., 2012.以及Maurice Meuleau, *Les Celtes en Europe.* Ouest-France, 2004. Renée Grimaud, *Nos Ancêtres les Gaulois.* Ouest-France, 2001. Brian Day, *Chronicle of Celtic Folk Customs.* Octopus Publishing, 2000. Barry Cunliffe; John T. Koch (eds.), *Exploring Celtic Origins.* Oxbow, 2019.等書。

相關年表

❖：美術、文學作品等

世紀	年代	
西元前	6000左右	凱爾特祖語出現
西元前	3000左右	分化出凱爾特語族（青銅器文化）
		巨石文化，建造： ・卡爾納克（布列塔尼）巨石陣 ・巨石陣（英格蘭） （～約一八〇〇年為止，在三個年代間分段建造）
西元前8世紀	750左右	哈爾施塔特文化（C階段）開始
	600左右	希臘人在馬薩利亞（現在的馬賽）建立殖民都市
		凱爾特人居於伊比利半島
西元前6世紀		哈爾施塔特文化（D階段）
		伊特魯里亞文化繁榮發展
		霍赫多夫的墳墓（德國南部）
西元前5世紀		凱爾特人居於中歐
		高盧形成德魯伊團體
		希羅多德提及「凱爾特伊」
西元前4世紀		拉坦諾文化出現於現今的德國、瑞士
		凱爾特人移動至義大利半島
	387	凱爾特人（塞農族）洗劫羅馬
		拉坦諾文化擴張至義大利
西元前3世紀		拉坦諾文化擴張至多瑙河周邊
	279	凱爾特人攻占德爾菲（希臘）
	272	羅馬統一義大利半島
西元前2世紀		高盧開始建造要塞城市（Oppidum）
		高盧開始製造貨幣

		凱爾特人衰微，羅馬開始征服高盧
西元前1世紀		❖岡德斯楚普大鍋（丹麥）
		高盧戰爭開戰
	52	阿萊西亞戰役中，高盧軍隊敗給凱撒的羅馬軍隊
		凱撒將高盧分為三塊統治
		德魯伊衰微，漸與羅馬文化同化
1世紀	40左右	羅馬軍隊進攻不列顛尼亞
		羅馬軍隊襲擊安格爾西島的德魯伊們
		羅馬鎮壓愛西尼族女王布狄卡的叛亂
2世紀	122左右	科里尼曆（法國）
		哈德良長城
3世紀	中期左右	斯科特人建立達爾里阿達王國
		歐甘文字的碑文（～八世紀）
4世紀		斯科特人入侵不列顛尼亞
		布立吞人移居布列塔尼（～八世紀）
5世紀	410	西哥德族入侵羅馬
		羅馬對不列顛尼亞的統治劃下句點
	432	聖派翠克對愛麗尤（愛爾蘭）傳教
	500左右	不列顛國王亞瑟（奧理安努斯）在巴頓山戰役中擊敗撒克遜人（口傳故事）
5世紀末		聖布麗姬建造愛爾蘭第一間女子修道院
		聖高隆在倫敦德里、杜若、凱爾斯等地建設修道院
6世紀	563左右	聖高隆在愛奧那建設修道院
7世紀	635	建造林迪斯法恩修道院
	680左右	❖裝飾手抄本《杜若之書》

世紀	年代	
	698左右	❖裝飾手抄本《林迪斯法恩福音書》
		布列塔尼七王國與基督教同化
8世紀	700左右	❖塔拉胸針
		建造高十字架（~十二世紀）
		❖《聖布倫丹遊記》
	793	維京人襲擊林迪斯法恩修道院
	800左右	❖裝飾手抄本《凱爾經》
9世紀	843	阿爾巴王國（成立於蘇格蘭）
		維京人襲擊愛奧那修道院
	851	布列塔尼王國
	856	瓦利亞（威爾斯）統一
10世紀		開始使用「蘇格蘭」、「布列塔尼」、「法蘭西」等地名
11世紀	1066	諾曼第公爵威廉（Guillaume）成為英格蘭國王（諾曼第征服英格蘭）
		維京人的烏爾內斯建築樣式蓬勃發展
12世紀	1138左右	蒙茅斯的傑弗里《不列顛諸王史》
	1190左右	亞瑟王遺骨出土，大受宣傳（格拉斯頓伯里修道院）
13世紀	1284	英格蘭國王愛德華一世，將威爾斯納入英格蘭王室領地
	1296	英格蘭國王愛德華一世併吞蘇格蘭
14世紀	1346	英格蘭王室開始統治曼島
15世紀	1485	❖湯馬斯·馬羅里《亞瑟王之死》
16世紀	1532	布列塔尼併入法國
	1541	英格蘭國王亨利八世，即位愛爾蘭國王
	1542	愛爾蘭王國成立
17世紀	1649	克倫威爾進攻愛爾蘭（~一六五三）

18世紀	1707	蘇格蘭和英格蘭成為聯合王國
	1717	古代凱爾特團體成立
	1765	❖麥克佛森出版《奧西安詩集》
		凱爾諾（康瓦爾）語的母語使用者滅絕
19世紀	1805	法國設立凱爾特學院
	1813	❖安格爾《奧西安之夢》
	1830年代	布列塔尼確認亞瑟王相關地點（梅林的墓碑等）
	1846	奧地利挖掘出哈爾施塔特遺跡（～一八六〇年代）
	1850	發現塔拉胸針
	1856	瑞士挖掘出拉坦諾遺跡（～一八六〇年代）
	1861	威爾斯開始舉辦近代的「艾斯特福德」傳統詩歌音樂節
	1865	拿破崙三世在阿萊西亞建造維欽托利像
	1895	利柏提百貨開始販售阿奇博・諾克斯的「都德利克」系列商品（～一九三〇年代）
		凱爾特復興設計商品日趨興盛
	1897	發現科里尼曆（法國）
20世紀	1902	西敏宮國會大廈旁建造布狄卡女王像
	1916	都柏林復活節起義
	1922	愛爾蘭獨立
	1939	英國薩福克郡發現薩頓胡遺跡
	1959	法國漫畫《高盧英雄歷險記》開始連載
	1967	卡姆利（威爾斯）語成為英國官方語言
	1987	播出BBC製作的《The Celts》
	1991	威尼斯舉辦「凱爾特：最初的歐洲人」展覽
	2007	艾爾／蓋爾語成為歐盟官方語言

索引

（粗體為主要講述頁面）

推薦参考文獻

《アイルランド・ケルト文化を学ぶ人のために》風呂本武敏（世界思想社、2009）

《図説 アイルランドの歴史》山本正（河出書房新社、2017）

《ケルト文化事典》ジャン マルカル、金光 仁三郎譯（大修館書店、2002）

《アイルランドを知るための70章》海老島 均等編著（明石書店、2019）

《ウェールズを知るための60章》吉賀 憲夫編著（明石書店、2019）

《ケルト人：蘇るヨーロッパ「幻の民」》クリスチアーヌ エリュエール、鶴岡真弓監修（創元社、1994）

《ケルト 口承文化の水脈》中央大学人文科学研究所編（中央大学出版部、2006）

《<民族起源>の精神史―ブルターニュとフランス近代》原聖（岩波書店、2003）

《図説 ケルト文化誌》バリー・カンリフ、蔵持 不三也譯（原書房、1998）

《ケルト歴史地図》ジョン・ヘイウッド、井村君江監譯／倉嶋雅人譯（東京書籍、2003）

《海のかなたのローマ帝国》南川高志（岩波書店、2015年）

《ケルズの書―ダブリン大学トリニティ・カレッジ図書館写本》
バーナード・ミーハン、鶴岡真弓譯（岩波書店、2015）

《トーイン　クアルンゲの牛捕り》キアラン・カーソン、栩木伸明譯（東京創元社、2011）

《ガリア戦記》カエサル、國原吉之助譯（講談社学術文庫、1994）

《ブルターニュ幻想民話集》アナトール ル・ブラーズ、見目 誠譯（国書刊行会、2009）

《図説 アーサー王物語　普及版》アンドレア・ホプキンズ、山本史郎譯（原書房、2020）

《図説 ケルトの歴史》鶴岡真弓・松村一男（河出書房、1999）

《妖精 Who's Who》 キャサリン・ブリッグズ、井村君江譯（ちくま文庫、1996）

《ケルト妖精物語》W・B. イエイツ、井村君江譯（ちくま文庫、1986）

《ケルト事典》ベルンハルト・マイヤー、鶴岡 真弓監修、平島 直一郎譯（創元社、2001）

《タータン事典》イアン・ザクゼック、チャールズ・フィリップス、穴水由紀子譯（一灯舎、2019）

《ケルトの水脈（興亡の世界史９）》原聖（講談社学術文庫、2016）

《ケルト諸語文化の復興》原聖（編著）（《ことばと社会》別冊4、三元社、2012）

原聖（HARA KIYOSHI）

1953年生於長野縣。攻讀一橋大學研究所博士後課程，取得學分後退學。女子美術大學客座研究員、名譽教授。專研語言社會史、比較民俗學。著有《周邊文化的改變》（三元社，1990年）、《「民族起源」的精神史》（岩波書店，2003年）；繁體中文版的著作有《凱爾特·最初的歐洲：被羅馬與基督教覆蓋的文化水脈》（八旗文化，2006年）等書。

凱爾特解剖圖鑑

亞瑟王、巨石陣、德魯伊，全方位圖解歐洲根源的古老文化

2023年6月1日初版第一刷發行

著　　者　原聖
譯　　者　蕭辰倢
編　　輯　吳欣怡
發 行 人　若森稔雄
發 行 所　台灣東販股份有限公司
＜地址＞台北市南京東路4段130號2F-1
＜電話＞(02) 2577-8878
＜傳真＞(02) 2577-8896
＜網址＞http://www.tohan.com.tw
郵撥帳號　1405049-4
法律顧問　蕭雄淋律師
總 經 銷　聯合發行股份有限公司
＜電話＞(02) 2917-8022

TOHAN

國家圖書館出版品預行編目資料

凱爾特解剖圖鑑：亞瑟王、巨石陣、德魯伊,全方位圖解歐洲根源的古老文化/原聖著；蕭辰倢譯. -- 初版. -- 臺北市：臺灣東販股份有限公司, 2023.06
160面；14.8×21公分
ISBN 978-626-329-774-6(平裝)

1.CST: 歷史 2.CST: 歐洲民族 3.CST: 歐洲

740.1　　112002388